Das Dr. Oetker Grundkochbuch

Das Dr. Oetker Grundkochbuch

Ceres-Verlag
Rudolf-August Oetker KG
Bielefeld

Wollten Sie schon immer Ihr Lieblingsgericht selber kochen, die Gerichte Ihrer Jugendzeit neu entdecken?

Möchten Sie die einfachen Gerichte wieder kochen, die Mutter und Großmutter aus dem Handgelenk zauberte?

Hier sind die guten, alten Rezepte, um die traditionellen Gerichte nachzukochen, mit zahlreichen Phasenfotos und gelingsicheren Rezepten.

Wir wünschen Ihnen „Guten Appetit" auf Ihr Lieblingsgericht.

Suppen und Eintöpfe

Soßen

Fisch

Fleisch
Wild und Geflügel
Seite 42 bis Seite 67

Eierspeisen
Seite 68 bis Seite 73

Gemüse und
Salate
Seite 74 bis Seite 87

Grundlage einer guten Suppe ist eine kräftige Brühe. Sie wird aus Fleisch, Geflügel, Knochen, Gemüse oder Kräutern zubereitet. Die Zutaten werden in reichlich Wasser mit Gewürzen so lange bei schwacher Hitze gekocht, bis die Geschmacksstoffe in das Wasser übergegangen sind.

Eintöpfe sind deftige Gerichte. Sie sind entweder Suppen mit viel Einlage oder kräftige, herzhafte Gerichte aus einem Topf. Sie werden meist als Hauptgericht verzehrt mit einer süßen Speise oder Obst als Abrundung der Mahlzeit.

RINDFLEISCHBRÜHE

250 g zerkleinerte
Rinderknochen
250 g Rindfleisch
(Beinscheibe)   unter fließendem kaltem Wasser
abspülen
beide Zutaten in

1 ½ l kaltes
Salzwasser   geben, zum Kochen bringen (Foto 1),
mit einem Eßlöffel oder Schaumlöffel
abschäumen (Foto 2), ziehen lassen

1 Bund Suppengrün   putzen, waschen, evtl. zerkleinern
2 mittelgroße
Zwiebeln   mit je
1 Nelkenkopf   spicken
beide Zutaten etwa 1 Stunde vor
Beendigung der Garzeit zu dem
Fleisch geben (Foto 3), gar ziehen
lassen
die Brühe durch ein Sieb, das mit
einem Mull- oder Leinentuch ausge-
legt ist, gießen, mit Salz abschmecken
das Fleisch in Würfel schneiden,
in die Brühe
geben, mit

2 Eßl. gehackter
Petersilie   bestreuen
Garzeit: Etwa 2 ½ Stunden.

Einlage: Eierstich oder Markklößchen,
Reis oder Nudeln.

HÜHNERBRÜHE

(6 Portionen)

1 küchenfertiges Suppenhuhn (1 kg)	unter fließendem kaltem Wasser abspülen, mit Herz, aufgeschnittenem, gesäubertem Magen, Hals
in 1 ½ l kochendes Salzwasser	geben (Foto 1), fast zum Kochen bringen, abschäumen
1 Bund Suppengrün	putzen, waschen, kleinschneiden, in die Brühe geben (Foto 2)
1 mittelgroße Zwiebel	abziehen, in die Brühe geben, das Huhn gar ziehen lassen die Brühe durch ein Sieb gießen (Foto 3), mit Salz abschmecken das Fleisch von den Knochen lösen (Foto 4), die Haut entfernen das Fleisch in kleine Stücke schneiden

200 g gekochte Spargelstücke 125 g gekochter Langkornreis (parboiled)	die drei Zutaten in die Brühe geben, erhitzen, mit
2 Eßl. gehackter Petersilie	bestreuen
Garzeit:	Etwa 1 ½ Stunden.

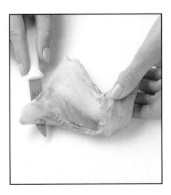

TOMATENSUPPE

500 g Tomaten	kurze Zeit in kochendes Wasser legen (nicht kochen lassen), in kaltem Wasser abschrecken, enthäuten (Foto 1), die Stengelansätze herausschneiden, die Tomaten in Würfel schneiden
2 mittelgroße Zwiebeln	abziehen
50 g fetter Speck	beide Zutaten in Würfel schneiden

20 g Margarine, z.B. Sanella	zerlassen, Zwiebel- und Speckwürfel darin glasig dünsten lassen (Foto 2) die Tomatenwürfel hinzufügen, kurz mitdünsten lassen mit
20 g Weizenmehl	bestäuben (Foto 3)
2 Eßl. Tomatenmark	unterrühren
750 ml (¾ l) Fleischbrühe oder Wasser	hinzugießen (Foto 4), zum Kochen bringen, etwa 5 Minuten kochen die Suppe durch ein Sieb streichen, erhitzen, mit

Salz Zucker gemahlenem Pfeffer Paprika, edelsüß gehackten Basilikumblättchen gehackten Thymianblättchen Tabasco	abschmecken, mit
1 Eßl. gehackter Petersilie	bestreuen, die Suppe mit
1 Becher (150 g) Crème fraîche (30 % Fett)	anrichten
Kochzeit:	Etwa 5 Minuten.

Tip:	Anstelle von frischen Tomaten können auch Tomaten aus der Dose verwendet werden.

BUNTES REISFLEISCH

500 g Schweine- fleisch	unter fließendem kaltem Wasser abspülen, trockentupfen (Foto 1), in Würfel schneiden
500 g Tomaten	kurze Zeit in kochendes Wasser legen (nicht kochen lassen) (Foto 2), in kaltem Wasser abschrecken, enthäuten, die Stengelansätze herausschneiden, die Tomaten vierteln

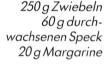

2 große Paprika- schoten (je 150 g, grün und rot)	halbieren, entstielen, entkernen, die weißen Scheidewände entfernen, die Schoten waschen, in Stücke schneiden
250 g Zwiebeln	abziehen, vierteln
60 g durch- wachsenen Speck	in kleine Würfel schneiden
20 g Margarine	zerlassen, den Speck darin aus- lassen, das Fleisch unter Wenden darin bräunen lassen, Zwiebel- viertel und Paprikastücke hinzufügen (Foto 3), etwa 10 Minuten mit- schmoren lassen, mit

Salz Pfeffer 2 Eßl. Tomatenmark einigen Spritzern Tabasco Paprika, edelsüß Cayennepfeffer	würzen
gehackte Basilikum- blättchen gehackte Lieb- stöckelblättchen	unterrühren
250 ml (¼ l) Fleischbrühe	hinzugießen, etwa 15 Minuten schmoren lassen, Tomatenviertel,

250 g Langkornreis (parboiled) 500 ml (½ l) Wasser	hinzufügen (Foto 4), gar kochen lassen, das Gericht evtl. nochmals abschmecken
Garzeit:	Etwa 50 Minuten.

ALTDEUTSCHE KARTOFFELSUPPE

(Foto S. 10/11)

700 g mehlig-kochende Kartoffeln	schälen (Foto 1), waschen
3 Möhren	putzen, schrappen, waschen
1 Stück Sellerie	schälen, waschen
	die drei Zutaten in kleine Würfel schneiden
50 g Butter	zerlassen, Möhren- und Selleriewürfel darin kurz andünsten, mit den Kartoffelwürfeln in
1 ½ l Fleisch-brühe, S. 12	geben
1 Zwiebel	abziehen, mit
1 Lorbeerblatt	
1 Nelke	spicken, die Zwiebel in die Brühe geben, zum Kochen bringen, zuge-deckt etwa 20 Minuten kochen lassen
1 Stange Porree	putzen, gründlich waschen, in Scheiben schneiden, in die Suppe geben, etwa 10 Minuten mitkochen lassen
	die gespickte Zwiebel entfernen etwa 1/3 der Kartoffelwürfel aus der Suppe schöpfen, pürieren, mit
125 ml (1/8 l) Schlagsahne oder Crème fraîche	verrühren, wieder hineingeben, erhitzen die Suppe mit
Salz weißem Pfeffer gerebeltem Majoran geriebener Muskat-nuß	würzen
200 g Pfifferlinge	putzen, waschen, gut abtropfen lassen, große Pilze evtl. halbieren
1 Zwiebel	abziehen, fein würfeln (Foto 2)
50 g Butter	zerlassen, die Zwiebelwürfel darin goldgelb andünsten, die Pilze hinzufügen, etwa 5 Minuten dünsten lassen, in die Kartoffelsuppe geben, noch etwa 5 Minuten miterhitzen

½ Bund Schnitt-
lauch   abspülen, trockentupfen, fein
schneiden (Foto 3), über die Suppe
streuen
Garzeit: Etwa 20 Minuten.
Veränderung: Die gedünsteten Pfifferlinge weg-
lassen, die Suppe vor Zugabe der
Schlagsahne pürieren, mit Salz,
Pfeffer, Majoran und geriebener
Muskatnuß abschmecken, 1 Brötchen
(Semmel) in Würfel schneiden, 15 g
Butter zerlassen, die Brötchen-
würfel darin braun rösten (Foto 4).

ERBSENSUPPE MIT SCHWEINEBAUCH

375 g ungeschälte
Erbsen   waschen, in
1 ½ l Wasser   12 – 24 Stunden einweichen (Foto 1)
500 g geräucherte
Schweinerippe
250 g Schweine-
bauch (ohne
Knochen)

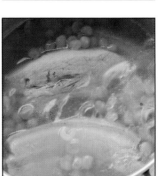

    das Fleisch unter fließendem kaltem
Wasser abspülen, mit den Erbsen in
dem Einweichwasser zum Kochen
bringen (Foto 2), fast weich kochen
lassen
375 g Kartoffeln   schälen, waschen, in Würfel
schneiden (Foto 3)
1 Bund Suppengrün   putzen, waschen, kleinschneiden
beide Zutaten zu den Erbsen geben,
mit

Salz
Pfeffer
gerebeltem
Liebstöckel   würzen, zum Kochen bringen, gar
kochen lassen, die Suppe mit Salz,
Pfeffer abschmecken
das Fleisch kleinschneiden (Foto 4),
in die Suppe geben
Garzeit: Etwa 1 ½ Stunden.

PICHELSTEINER

250 g Hammel-
fleisch
250 g Schweine-
fleisch

das Fleisch unter fließendem kaltem
Wasser abspülen, trockentupfen, in
Würfel schneiden

250 g Möhren   putzen, schrappen
375 g Kartoffeln   schälen
beide Zutaten waschen, in Würfel
schneiden (Foto 1)

250 g Porree
(vorbereitet
gewogen)   putzen, in Scheiben schneiden,
waschen

250 g Weißkohl
(vorbereitet
gewogen)   putzen, waschen, kleinschneiden
(Foto 2)

40 g Margarine,
z.B. Sanella   erhitzen, das Fleisch unter Wenden
schwach darin bräunen lassen
(Foto 3)

2 mittelgroße
Zwiebeln   abziehen, halbieren, in Scheiben
schneiden
kurz bevor das Fleisch genügend
gebräunt ist, die Zwiebelscheiben
hinzufügen (Foto 4), kurz miterhitzen,
das Fleisch mit

Salz
gerebeltem
Majoran
gerebeltem
Liebstöckel
gemahlenem
schwarzem Pfeffer   würzen, Gemüse, Kartoffeln,
500 ml (½ l)
Fleischbrühe   hinzufügen, gar schmoren lassen,
den Eintopf mit

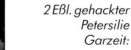

2 Eßl. gehackter
Petersilie   bestreuen
Garzeit: Etwa 1 Stunde.

LINSENEINTOPF MIT SCHWEINERIPPCHEN

250 g Linsen	waschen
500 g geräucherte Schweinerippchen	unter fließendem kaltem Wasser abspülen, mit den Linsen in
1 ½ l Wasser	zum Kochen bringen, fast weich kochen lassen
375 g Kartoffeln	schälen, waschen, in Würfel schneiden
1 Bund Suppengrün	putzen, waschen, kleinschneiden
2 mittelgroße Zwiebeln	abziehen, halbieren, in Scheiben schneiden
125 g geräucherte Mettwurst	
	die vier Zutaten zu den Linsen geben, mit
Salz gemahlenem Pfeffer Essig gerebeltem Liebstöckel	würzen, gar kochen lassen die Suppe mit Salz, Pfeffer abschmecken Schweinerippchen und Mettwurst dazureichen oder kleingeschnitten in die Suppe geben die Suppe mit
2 Eßl. gehackter Petersilie	bestreuen
Garzeit:	Etwa 1 ½ Stunden.
Tip:	Eintöpfe eignen sich gut zum Einfrieren. Empfehlenswert ist es, sie portioniert einzufrieren und vor dem Erhitzen ganz aufzutauen, damit ein weiteres Garen und Zerkochen der Zutaten vermieden wird. Beim Erhitzen evtl. Flüssigkeit hinzufügen.

Ratgeber Hülsenfrüchte

Hülsenfrüchte sind die reifen, getrockneten Samen von Bohnen, Erbsen, Linsen und Sojabohnen. Der Eiweißgehalt von Hülsenfrüchten ist sehr hoch. Dieses Eiweiß ist zwar nicht so hochwertig wie das tierische Eiweiß in Milch, Fleisch oder Eiern, es kann jedoch das tierische Eiweiß sehr gut ergänzen. Der hohe Stärkegehalt der Hülsenfrüchte wirkt sättigend. Die Ballaststoffe der Samenschale sind ebenfalls sättigend und regen die Verdauung an. Sie können jedoch bei älteren und empfindlichen Menschen zu Blähungen führen.

Um die Kochzeit von Hülsenfrüchten zu verkürzen, können sie über Nacht eingeweicht werden. Bei geschälten Erbsen ist das nicht notwendig. Zum Einweichen sollte kalkarmes oder abgekochtes Wasser verwendet werden. Um den Verlust an Vitaminen, Mineralstoffen und Eiweiß so gering wie möglich zu halten, sollte das Einweichwasser als Kochwasser weiterverwendet werden.

Eine gute Soße ist das I-Tüpfelchen eines guten Gerichtes. Die Zubereitung ist leichter als man denkt, wenn einige wichtige Punkte beachtet werden. Grundlage einer wohlschmeckenden Soße sind Brühen, Fonds oder Bratensaft, der bei der Zubereitung von Fleisch, Geflügel oder Wild entsteht. Wenn keine Brühen oder Fonds im tiefgekühlten Vorrat sind, kann man auf industriell vorgefertigte Produkte zurückgreifen.

Kalte Soßen werden aus Essig, Öl, Sahne oder Joghurt zubereitet. Sie dienen meist als Zugabe oder Marinade für Salate oder als Beigabe zu Fleisch und Eiern.

BRAUNER FOND

Die Zutaten bereitstellen (Foto 1)

500 g Knochen, z.B.
von Rind oder Wild
500 g Beinscheibe
von Rind oder Kalb   *kleinhacken, unter fließendem
kaltem Wasser abspülen*

5 Eßl. Speiseöl   *in einem Topf erhitzen
Fleisch und Knochen zugeben, bei
starker Hitze und ständigem Wenden
kräftig anbraten (Foto 2)*

2 mittelgroße
Möhren
100 g Knollen-
sellerie
1 Zwiebel

   *putzen, waschen, in Würfel
schneiden, mit*

2 Eßl. Tomatenmark   *in den Topf geben, unterheben
(Foto 3), 20 Minuten unter gelegent-
lichem Wenden bräunen*

etwa 3 l Wasser   *angießen, so daß alle Zutaten
bedeckt sind, bei geringer Hitze
aufkochen, damit sich die Geschmacksstoffe gut lösen, zwischen-
durch den Schaum abschöpfen*

1 kleine Stange
Porree
1 Stück Knollen-
sellerie   *putzen, waschen*
1 kleines Bund
Petersilie   *abspülen, mit*
1 Zweig Thymian
1 Lorbeerblatt   *zusammenbinden*
2 Schalotten   *abziehen, in Scheiben schneiden*
1 Knoblauchzehe   *abziehen, alle Zutaten mit*
6 zerdrückten
Wacholderbeeren
6 weißen Pfeffer-
körnern   *in den Topf geben (Foto 4),
4 – 5 Stunden bei leicht geöffnetem
Topf bei geringer Hitze kochen lassen
die Brühe durch ein Tuch in einen
zweiten Topf ablaufen lassen,
abkühlen lassen*

Fortsetzung Seite 26

Bei vielen Gerichten entsteht schon durch ihre Zubereitung die Grundlage für eine gute Soße.

Für die Gerichte, bei denen das nicht der Fall ist, benötigen Sie einen hellen oder dunklen Fond als Basis für eine würzige, wohlschmeckende Soße.

Für einen hellen Fond werden Fischköpfe und Gräten, Knochen und Fleisch mit Suppengemüse, Wasser, Kräutern und Gewürzen längere Zeit gekocht und reduziert, dabei verdampft das Wasser. Nach dem Abkühlen geliert der Fond und kann löffelweise entnommen werden.

Für den dunklen Fond muß das Brat- oder Schmorgut kräftig angebraten werden. Nach dem Würzen und Ablöschen mit Flüssigkeit (Wasser, Wein oder Brühe) muß diese immer wieder eingeschmort, reduziert und mit kleinen Mengen Flüssigkeit wieder abgelöscht werden. Je öfter dieser Vorgang wiederholt wird, desto kräftiger und besser wird der Soßenfond.

von der erkalteten Brühe das Fett abheben, die Brühe so weiterverwenden oder so lange einkochen lassen, bis sie geliert

Kochzeit: 4½–5½ Stunden.

Tip: Fonds am besten in kleinen Portionen einfrieren.

HELLER FOND

500 g Kalbshinterhaxe oder Beinscheibe	
500 g Geflügelklein	unter fließendem kaltem Wasser abspülen
300 g Bleichsellerie	
200 g Porree	
200 g Champignons	
2 Möhren	putzen, waschen, in Stücke schneiden
2 mittelgroße Zwiebeln	abziehen, grob würfeln
	alle Zutaten in einen Topf füllen
etwa 3 l Wasser	angießen, so daß die Zutaten bedeckt sind
	bei geringer Hitze aufkochen, damit sich die Geschmacksstoffe gut lösen können
	zwischendurch den grauen Schaum abschöpfen, der sich durch Eiweiß und Trübstoffe bildet
	3–4 Stunden bei leicht geöffnetem Topf bei geringer Hitze kochen lassen
	die Brühe durch ein Tuch in einen zweiten Topf ablaufen lassen, abkühlen lassen
	von der erkalteten Brühe das Fett abheben, die Brühe so weiterverwenden oder so lange einkochen lassen, bis sie geliert
Kochzeit:	3–4 Stunden.
Tip:	Der Fond kann eßlöffelweise abgenommen werden. Er hält sich im Kühlschrank einige Tage, im Gefriergerät etwa 3 Monate.

BÉCHAMELSOSSE

1 kleine Zwiebel	abziehen, das Wurzelende abschneiden (Foto 1)
40 g Schinkenspeck	beide Zutaten in kleine Würfel schneiden
25 g Butter oder Margarine	zerlassen, die Schinkenspeckwürfel darin auslassen
20 g Weizenmehl	zusammen mit den Zwiebelwürfeln unter Rühren so lange darin erhitzen, bis das Mehl hellgelb ist (Foto 2)
250 ml (¼ l) Milch (3,5% Fett)	hinzufügen (Foto 3)
125 ml (⅛ l) Fleischbrühe, S. 12	hinzugießen, mit einem Schneebesen durchschlagen (Foto 4), darauf achten, daß keine Klumpen entstehen die Soße zum Kochen bringen, etwa 10 Minuten kochen lassen, mit
Salz Pfeffer	abschmecken
Kochzeit:	Etwa 10 Minuten.
Veränderung:	Die Soße durch ein Sieb streichen.

HELLE GRUNDSOSSE

20 g Butter oder Margarine, z.B. Sanella	zerlassen
25 g Weizenmehl	unter Rühren so lange darin erhitzen, bis es hellgelb ist
375 ml (⅜ l) Kochflüssigkeit oder hellen Fond, S. 26	hinzugießen, mit einem Schneebesen durchschlagen, darauf achten, daß keine Klumpen entstehen die Soße zum Kochen bringen, etwa 5 Minuten kochen lassen, mit
Salz gemahlenem Pfeffer	würzen
Kochzeit:	Etwa 5 Minuten.

Ratgeber Pflanzenöl

Für den menschlichen Körper ist ein Fett um so wichtiger, je höher sein Anteil an ungesättigten Fettsäuren ist. Bestimmte Pflanzenöle, z. B. Livio-Öl, enthalten einen hohen Anteil mehrfach ungesättigter Fettsäuren. Sie sind z. B. Ausgangsstoff für den Aufbau verschiedener körpereigener Hormone und sind wichtig für viele biologische Abläufe. Sie transportieren fettlösliche Vitamine dorthin, wo sie gebraucht werden.

Vitamin E ist vor allem in hochwertigen Pflanzenölen vorhanden.

In Verbindung mit Salaten und vitaminreichen Rohkostgerichten kann Pflanzenöl die gesunde Wirkung seiner Inhaltsstoffe besonders gut entfalten. Ein geschmacksneutrales Pflanzenöl, wie z. B. Livio, unterstreicht dabei den Eigengeschmack der Zutaten, ohne ihn zu verändern.

Pflanzenöl sollte kühl und dunkel gelagert werden. Angebrochene Flaschen und Dosen sollten zügig aufgebraucht werden, da Licht und Luft die geschmackliche Qualität beeinflussen können.

DUNKLE GRUNDSOSSE

20 g Butter oder Margarine, z.B. Sanella	zerlassen
35 g Weizenmehl	unter Rühren so lange darin erhitzen, bis es hell- bis dunkelbraun ist
375 ml (³⁄₈ l) Kochflüssigkeit oder braunen Fond, S. 24	hinzugießen, mit einem Schneebesen durchschlagen darauf achten, daß keine Klumpen entstehen die Soße zum Kochen bringen, etwa 5 Minuten kochen lassen, mit
Salz gemahlenem Pfeffer	würzen
Kochzeit:	Etwa 5 Minuten.

SENFSOSSE

25 g Butter oder Margarine	zerlassen
10 g Weizenmehl	unter Rühren so lange darin erhitzen, bis es hellgelb ist
250 ml (¼ l) Milch (3,5% Fett) 125 ml (⅛ l) Schlagsahne (30% Fett)	hinzugießen, mit einem Schneebesen durchschlagen, darauf achten, daß keine Klumpen entstehen die Soße zum Kochen bringen, etwa 5 Minuten kochen lassen
2 schwach gehäufte Eßl. mittelscharfen Senf Salz Zitronensaft Zucker	in die Soße geben, mit abschmecken
Kochzeit:	Etwa 5 Minuten.
Tip:	Die Soße zu gekochten oder pochierten Eiern oder gedünstetem Fisch reichen.

MAYONNAISE

Geräte und Zutaten bereitstellen
(Foto 1),
Eigelb und Eiweiß trennen (Foto 2),
Eiweiß aufbewahren

1 Eigelb   mit
1 Eßl. Essig
oder Zitronensaft
Salz
1 gestrichenen
Teel. Zucker   in einer Rührschüssel mit einem
Schneebesen oder mit einem
Handrührgerät (Foto 3) mit Rühr-
besen zu einer dicklichen Masse
schlagen, darunter

125 ml (⅛ l)
Salatöl, z.B. Livio   schlagen (bei dieser Zubereitung ist
es nicht notwendig, das Öl tropfen-
weise zuzusetzen, es wird in Mengen
von 1 – 2 Eßl. (Foto 4) unterge-
schlagen, die an das Eigelb
gegebenen Gewürze verhindern
eine Gerinnung)
die Mayonnaise evtl. mit
Senf   abschmecken.
Veränderung: Unter die Mayonnaise Joghurt
nach Geschmack rühren.

VINAIGRETTE

1 kleine Zwiebel	abziehen, fein würfeln (Foto 1)
2 hartgekochte Eier	pellen, klein hacken
2 Cornichons	in feine Würfel schneiden (Foto 2)
einige Kapern	hacken
3 Eßl. Salatöl	mit
2 Eßl. Essig	
1 Teel. mittel-	
scharfem Senf	verrühren (Foto 3), die zerkleinerten Zutaten hinzufügen (Foto 4), mit
Salz	
gemahlenem	
Pfeffer	würzen, nach Belieben
gehackte Kräuter	unterrühren.
	Vinaigrette eignet sich für Blatt-, Gemüse-, Fleisch- und Fisch-Salate.

SALATSOSSE I
(Marinade)

3 Eßl. Salatöl, z.B. Livio	mit
1–2 Eßl. Essig	verrühren, mit
Salz	
gemahlenem	
Pfeffer	
Zucker	würzen
1 Eßl. gehackte Kräuter (Petersilie, Estragon, Kerbel, Dill, Kresse, Schnitt- lauch, Pimpinelle)	unterrühren.
Veränderung:	1–2 mittelgroße abgezogene, gewürfelte Zwiebeln hinzufügen.

SALATSOSSE II

1 mittelgroße Zwiebel	abziehen, fein würfeln, mit
2 Eßl. Sahne	
3 Eßl. Salatöl	
2 Eßl. Zitronensaft oder Essig	verrühren, mit

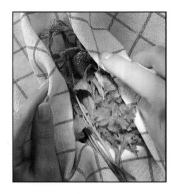

Salz	
Zucker	würzen
1 Eßl. gemischte,	
gehackte Kräuter	unterrühren.

GRÜNE SOSSE

1 dickes Bund gemischte Kräuter (Petersilie, Schnittlauch, Kerbel, Kresse, Pimpinelle, Borretsch, Zitronen- melisse)	waschen, in einem Küchentuch trockentupfen (Foto 1), die Blättchen von den Stengeln zupfen (Foto 2), Blätter fein hacken
1 kleine Zwiebel	schälen
1 Gewürzgurke	
	beide Zutaten würfeln (Foto 3)
1 Becher (150 g) saure Sahne	mit
100 g Joghurt	
2 Eßl. Mayonnaise	verrühren, Kräuter, Zwiebel- und Gurkenwürfel unterrühren (Foto 4), mit
1 Teel. scharfem Senf Salz gemahlenem Pfeffer Zucker	würzen, bis zum Servieren kaltstellen. Die Soße zu gekochten oder pochierten Eiern oder gekochtem Rindfleisch reichen.

Tip:	Sieben Kräuter gehören in die „echte" Frankfurter Grüne Soße. Je nach Jahreszeit können Sie die Zusammenstellung variieren. Es lassen sich auch Petersilie und Schnittlauch mit Kräutern aus der Tiefkühltruhe ergänzen.

Wie Milch, Fleisch und Brot gehört Fisch seit ewigen Zeiten zu den bedeutensten Lebensmitteln.

Fisch enthält biologisch hochwertiges Eiweiß. Fast alle Fische sind, wenn sie entsprechend zubereitet werden, leicht verdaulich. Der Fettgehalt ist sehr unterschiedlich und schwankt zwischen 1—3 Prozent bei Magerfischen und 20 Prozent bei Fettfischen. Darüberhinaus enthalten Fische wichtige Mineralstoffe, Spurenelemente und Vitamine, insbesondere Jod, Vitamin A und Vitamin D.

EINGELEGTE BRATHERINGE

4 mittelgroße Grüne Heringe (je 250 g)	unter fließendem kaltem Wasser abspülen (Foto 1), schuppen (Foto 2), trockentupfen
20 g Weizenmehl	mit
Salz	mischen, die Heringe darin wenden (Foto 3)
6 Eßl. Speiseöl, z.B. Biskin	in einer Bratpfanne erhitzen (Foto 4), die Heringe von beiden Seiten darin goldbraun braten
2 mittelgroße Zwiebeln	abziehen, in Scheiben schneiden, mit den Heringen,
1 Eßl. Senfkörnern 8 Pfefferkörnern einigen Piment- körnern	in einen Steintopf legen
250 ml (¼ l) Essig	mit
125 ml (⅛ l) Wasser	verrühren, darüber gießen die Heringe können nach 4−6 Tagen gegessen werden
Bratzeit:	6−8 Minuten.

MATJESFILETS NACH HAUSFRAUEN-ART

6 Matjesfilets	1−2 Stunden wässern, gut abtropfen lassen, in etwa 2 cm große Stücke schneiden
	FÜR DIE SAHNESOSSE
200 g Zwiebeln	abziehen
2 Gewürzgurken	
	beide Zutaten in Scheiben schneiden
375 ml (⅜ l) Schlagsahne	mit
4−5 Eßl. Essig 1 Eßl. Senf- körnern	

8 Pfefferkörnern	verrühren, Zwiebel- und Gurken-scheiben hinzufügen die Matjesfilets in die Soße legen, etwa 24 Stunden darin ziehen lassen.
Veränderung:	Etwa 2 Äpfel schälen, vierteln, entkernen, in Stücke schneiden, in die Soße geben.
Beilage:	Pellkartoffeln, Grüne Bohnen mit Speck oder Bratkartoffeln.

HERINGSSALAT

250 g Kartoffeln	waschen, in
Wasser	zum Kochen bringen, etwa 20 Minuten kochen, abgießen, pellen, würfeln
250 g Rote Bete	in kaltem Wasser bürsten (Foto 1), mit Schale in Wasser zum Kochen bringen (Foto 2), etwa 1 Stunde kochen, abgießen, pellen (dazu möglichst Gummihandschuhe an-ziehen, da die Rote Bete stark färbt – Foto 3), Rote Bete in Würfel schneiden
250 g Äpfel	schälen, das Kerngehäuse entfernen, die Äpfel würfeln
250 g Gewürz-gurken	
250 g Matjesfilets	beide Zutaten würfeln (Foto 4)
1 Zwiebel	abziehen, fein hacken, mit
¼ Teel. Salz	bestreuen, 10 Minuten stehen-lassen, anschließend mit
1 Teel. Senf	
½ Teel. Zucker	
2 Eßl. Apfelessig	verrühren
5 Eßl. Schlagsahne	unterrühren, vorsichtig mit den anderen Zutaten vermengen den Salat am besten über Nacht durchziehen lassen, vor dem Servieren mit
Eischeiben	
Petersilien-sträußchen	garnieren.

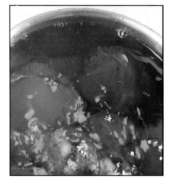

GEBRATENES ROTBARSCHFILET

750 g Rotbarschfilet	unter fließendem kaltem Wasser abspülen, trockentupfen, in Portions- stücke schneiden, mit
2 Eßl. Zitronensaft	beträufeln, etwa 30 Minuten stehenlassen, trockentupfen, mit
Salz gemahlenem Pfeffer	bestreuen
1 Ei	mit
2 Eßl. kaltem Wasser	verschlagen das Filet zunächst in
Weizenmehl	wenden (Foto 1), dann in dem verschlagenen Ei, zuletzt in
75 g Semmelmehl	wenden
80 g Pflanzenfett, z. B. Biskin	erhitzen (Foto 2), die Filetstücke von beiden Seiten darin goldbraun braten (Foto 3), Fischfilet auf Haushaltspapier abtropfen lassen (Foto 4)
Bratzeit:	10 – 12 Minuten.
Beilage:	Kartoffelsalat.
Veränderung:	Anstelle von Rotbarschfilet, Seelachs-, Blauleng-, Kabeljaufilet Bratzeit: 10 – 12 Minuten oder Seezungenfilet Bratzeit: Etwa 15 Minuten nehmen.

GEDÜNSTETER KABELJAU

1 ¼ kg küchen-
fertigen Kabeljau,
(im Stück oder
geteilt)   unter fließendem kalten Wasser
abspülen, trockentupfen (Foto 1), mit

2 Eßl. Zitronen-
saft   beträufeln (Foto 2), etwa 15 Minuten
stehenlassen

250 ml (¼ l)
Wasser   mit
1 Päckchen (75 g)
tiefgekühltem
Suppengrün
1 Lorbeerblatt
10 Pfefferkörnern
3 Gewürznelken
5 Pimentkörnern
1 abgezogenen ge-
würfelten Zwiebel
1 Teel. Salz
1 Eßl. Essig   in einen Dämpftopf geben, den Fisch
auf dem Einsatz hineingeben
(Foto 3), zum Kochen bringen, gar
dämpfen lassen
den garen Fisch auf einer vorgewärmten Platte anrichten (Foto 4)

Dämpfzeit: Etwa 20 Minuten.
Beilage: Zerlassene Butter, Salzkartoffeln.
Veränderung: Anstelle von Kabeljau folgende
Fische verwenden:
Schellfisch, Seelachs, Rotbarsch
Dämpfzeit: Etwa 20 Minuten;
Zander (geschuppt, ausgenommen,
ohne Flossen, mit Kopf)
Dämpfzeit: Etwa 30 Minuten;
Hecht (geschuppt, ausgenommen,
ohne Flossen, mit Kopf)
Dämpfzeit: Etwa 30 Minuten.

AUSGEBACKENER FISCH

750 g Fischfilet (Schellfisch, Kabeljau, Seelachs)	unter fließendem kaltem Wasser abspülen, trockentupfen (Foto 1), mit
Zitronensaft oder Essig	beträufeln, etwa 30 Minuten stehenlassen, trockentupfen, mit
Salz gemahlenem Pfeffer	bestreuen, in Portionsstücke schneiden

FÜR DEN TEIG

100 g Weizenmehl	in eine Schüssel sieben, in die Mitte eine Vertiefung eindrücken
1 Ei Salz 125 ml (⅛ l) Milch	mit
	verschlagen, etwas davon in die Vertiefung geben von der Mitte aus Eiermilch und Mehl verrühren, nach und nach die restliche Eiermilch,
1 Eßl. Speiseöl oder zerlassene Butter	hinzugeben, darauf achten, daß keine Klumpen entstehen die Filetstücke mit einer Gabel in den Teig tauchen (Foto 2), schwimmend in

siedendem Ausbackfett (Speiseöl, Schweineschmalz oder Pflanzenfett, z.B. Biskin)	braun und knusprig backen (Foto 3), auf Haushaltspapier abtropfen lassen (Foto 4)
Backzeit:	Etwa 10 Minuten.
Beilage:	Kartoffelsalat.
Anmerkung:	Hohe Erhitzbarkeit und Geschmacksneutralität des Fettes sind beim Fritieren von größter Wichtigkeit. Mit einem guten Fritierfett — wie zum Beispiel Biskin — können Pommes frites, Fisch, Gemüse, Gebäck und Obst in beliebiger

Reihenfolge bei Beachtung der vorgeschriebenen Temperaturen fritiert werden, ohne daß sich der Geschmack überträgt.

KARPFEN BLAU
(Foto S. 32/33)

2 l Wasser	*mit*
1 Päckchen (75 g) tiefgekühltem Suppengrün	
1 Lorbeerblatt	
10 Pfefferkörnern	
3 Gewürznelken	
5 Pimentkörnern (Nelkenpfeffer)	
1 mittelgroßen, abgezogenen Zwiebel	
2 schwach ge- häuften Eßl. Salz	
6 Eßl. Essig	*zum Kochen bringen (Foto 1), etwa 5 Minuten kochen lassen*

1 ¼ kg küchenfertigen Karpfen — *unter fließendem kaltem Wasser abspülen (Foto 2), auf einem Einsatz in das kochende Wasser geben (Foto 3), Topf sofort zudecken, zum Kochen bringen, gar ziehen lassen, der Fisch ist gar, wenn sich die Rückenflosse leicht herausziehen läßt (Foto 4), den garen Fisch auf einer vorgewärmten Platte anrichten*

Kochzeit: *30–35 Minuten.*

Veränderung: *Anstelle von Karpfen folgende Fische verwenden:*
4 Forellen, je 300 g (rund gebunden) oder 4 Schleien
Kochzeit: 20–25 Minuten

Fleisch, Wild und Geflügel

Der gut geratene Braten, das zarte Steak, das saftige Kotelett, die knusprige Ente und das würzige Wild haben auf unserem Speisezettel einen hohen Stellenwert.

Fleisch kann von Rindern, Kälbern, Schweinen oder Lämmern stammen.

Rindfleisch ist das Fleisch von Ochsen, Färsen, Kühen und Bullen. Es muß gut abgehangen sein, da schlachtfrisches Rindfleisch zäh bleibt.

Kalbfleisch stammt von 4–12 Wochen alten Tieren. Gutes Kalbfleisch ist zart und fettarm. Das Fleisch sollte eine hellrote Farbe haben, saftig sein und mit weißem Fett bedeckt sein.

Schweinefleisch ist blaßrot bis rosarot und sollte gleichmäßig mit wenig Fett durchsetzt sein. Im Gegensatz zu Rindfleisch muß es nicht abhängen.

Unter Geflügel wird das Fleisch von Huhn, Gans, Ente und Pute verstanden. Es ist wohlschmeckend, bekömmlich und preiswert.

Wildfleisch ist meist fettarm, leicht verdaulich und hat einen pikanten Geschmack.

Ratgeber Fleisch

Fleisch ist eine wichtige Quelle für hochwertiges Eiweiß. Dabei gilt, daß je mehr Eiweiß eine Fleischsorte enthält, desto geringer der Fettanteil ist. Fleisch ist wichtig für die Versorgung des Körpers mit Eisen, da der Mensch tierisches Eisen besonders gut verwerten kann.

Fleisch ist sehr sättigend. Durch einen hohen Anteil an Fleisch- und Fleischprodukten in der Nahrung kann es jedoch zu einer überhöhten Aufnahme von Fett, Cholesterin, Purinen und Kochsalz kommen.

Fleisch ist ein frisches Produkt, das möglichst am Einkaufstag zubereitet werden sollte. Man kann es kurzfristig auch im Kühlschrank aufbewahren. Es wird ausgepackt und in einer Glas- oder Porzellanschüssel, die mit einem Teller abgedeckt wird, in den Kühlschrank gestellt. Das Fleisch kann auch in einer Marinade eingelegt werden. Es wird dadurch mürber und würziger. Will man Fleisch länger aufbewahren, sollte es eingefroren werden.

GEKOCHTE RINDERBRUST

500 g Fleisch-knochen	unter fließendem kaltem Wasser abspülen, in
1 ½ l kaltes Salzwasser	geben, zum Kochen bringen, etwa 1 Stunde kochen lassen
500 g Rinderbrust (ohne Knochen)	unter fließendem kaltem Wasser abspülen
1 mittelgroße Zwiebel	abziehen
1 Bund Suppengrün 2 Lorbeerblätter	putzen, waschen
	die Zutaten mit dem Fleisch in die Brühe geben, gar ziehen lassen, aus der Brühe nehmen das Fleisch in Scheiben schneiden, auf einer vorgewärmten Platte anrichten, mit etwas heißer Brühe übergießen, mit dem geschnittenen Suppengrün garnieren
Kochzeit:	Etwa 2 ½ Stunden.
Beilage:	Gedünstetes Gemüse, Meerrettich-soße, Grüne Soße, Salzkartoffeln.

SAUERBRATEN

750 g Rindfleisch (aus der Keule, ohne Knochen)	unter fließendem kaltem Wasser abspülen, trockentupfen, in eine Schüssel legen
	FÜR DIE MARINADE
2 mittelgroße Zwiebeln	abziehen, in Scheiben schneiden
2 Bund Suppengrün 5 Wacholderbeeren 15 Pfefferkörnern 5 Pimentkörnern (Nelkenpfeffer) 1 Lorbeerblatt 250 ml (¼ l) Weinessig	putzen, waschen, kleinschneiden, mit

375 ml (⅜ l) Wasser	verrühren (Foto 1), über das Fleisch gießen (Fleisch muß bedeckt sein), mit einem Deckel abdecken (Foto 2), etwa 4 Tage an einem kühlen Ort stehenlassen, das Fleisch ab und zu wenden das genügend gesäuerte Fleisch abtrocknen

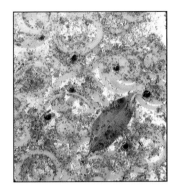

30 g Pflanzenfett, z.B. Biskin	erhitzen, das Fleisch von allen Seiten gut darin anbraten, mit
Salz gemahlenem Pfeffer	bestreuen, das abgetropfte Suppengrün,

50 g verlesene Rosinen	hinzufügen, mitbraten lassen
375 ml (⅜ l) Marinade	abmessen
125 ml (⅛ l) Wasser	hinzufügen, etwas davon zu dem Fleisch gießen, das Fleisch schmoren lassen, von Zeit zu Zeit wenden, verdampfte Flüssigkeit nach und nach ersetzen
2 Tomaten	waschen, die Stengelansätze herausschneiden, die Tomaten kleinschneiden
100 g Pumpernickel	zerbröckeln (Foto 3) beide Zutaten nach 1 Stunde Schmorzeit hinzufügen, mitschmoren lassen das gare Fleisch vor dem Schneiden 10 Minuten „ruhen" lassen, damit sich der Fleischsaft setzt das Fleisch in Scheiben schneiden, auf einer vorgewärmten Platte anrichten den Bratensatz durch ein Sieb streichen (Foto 4), mit Wasser auf 375 ml (⅜ l) auffüllen, zum Kochen bringen, mit

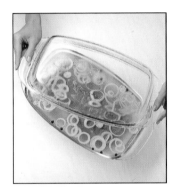

dunklem Soßen-Helfer	binden, die Soße mit Salz, Pfeffer abschmecken
Schmorzeit:	Etwa 2½ Stunden.
Beilage:	Backobst, Makkaroni oder Salzkartoffeln, Rotkohl.

45

GULASCH

500 g schieres Rind-fleisch (ohne Knochen)	unter fließendem kaltem Wasser abspülen, trockentupfen, in Würfel schneiden
30 g Pflanzenfett	erhitzen, das Fleisch von allen Seiten gut darin anbraten (Foto 1)
500 g Zwiebeln	abziehen, halbieren, in Scheiben schneiden, mitbräunen lassen (Foto 2), das Fleisch mit
Salz gemahlenem Pfeffer Paprika, edelsüß Gulasch-Gewürz	würzen
2 schwach gehäufte Eßl. Tomatenmark	hinzufügen (Foto 3)
500 ml (½ l) heißes Wasser	hinzugießen (Foto 4), das Fleisch gar schmoren lassen
120 g gedünstete Champignons	hinzufügen, miterhitzen das Gulasch mit Salz, Pfeffer, Paprika edelsüß,
1 − 2 Spritzern Tabasco	abschmecken
Schmorzeit:	1 − 1 ½ Stunden.
Beilage:	Kartoffelbrei, Kochreis oder Makkaroni, Tomaten-, Gurken- oder Blatt-Salate.

KASSELER RIPPENSPEER

(6 Portionen)

1 ½ kg Kasseler Rippenspeer (mit Knochen, herausgelöst und zerkleinert)	unter fließendem kaltem Wasser abspülen, trockentupfen, die Fettschicht gitterförmig einschneiden (Foto 1)
1 Zwiebel	abziehen
1 Tomate	waschen, den Stengelansatz herausschneiden
1 Bund Suppengrün	putzen, waschen die drei Zutaten kleinschneiden das Fleisch mit der Fettschicht nach oben in eine mit Wasser ausgespülte Rostbratpfanne legen (Foto 2), Gemüse und Knochen mit in die Pfanne geben, in den vorgeheizten Backofen schieben
heißes Wasser	sobald der Bratensatz bräunt, etwas hinzugießen, das Fleisch ab und zu mit dem Bratensatz begießen, verdampfte Flüssigkeit nach und nach durch heißes Wasser ersetzen
1 Lorbeerblatt 4 Gewürznelken	30 Minuten vor Beendigung der Bratzeit in die Rostbratpfanne geben das gare Fleisch vor dem Schneiden 10 Minuten „ruhen" lassen, damit sich der Fleischsaft setzt, das Fleisch in Scheiben schneiden, auf einer vorgewärmten Platte anrichten den Bratensatz mit etwas Wasser loskochen (Foto 3), durch ein Sieb gießen, mit Wasser auf 500 ml (½l) auffüllen, auf der Kochstelle zum Kochen bringen
25 g Weizenmehl ½ Becher (75 g) Crème fraîche (30 % Fett)	mit verrühren (Foto 4), die Flüssigkeit damit binden, die Soße mit
Salz, Pfeffer	abschmecken
Strom:	200–225, Gas: 3–4
Bratzeit:	50–60 Minuten.

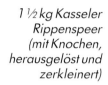

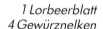

KÖNIGSBERGER KLOPSE

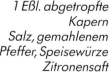

1 Brötchen (Semmel)	in kaltem Wasser einweichen
1 mittelgroße Zwiebel	abziehen, fein würfeln
500 g Gehacktes (halb Rind-, halb Schweinefleisch)	mit dem gut ausgedrückten Brötchen, der Zwiebel,
1 Eiweiß 2 gestrichenen Teel. Senf	vermengen (Foto 1), mit
Salz gemahlenem Pfeffer	abschmecken, aus der Masse mit nassen Händen Klopse formen (Foto 2), in
750 ml (¾ l) kochendes Salzwasser	geben, zum Kochen bringen, abschäumen, gar ziehen lassen (Wasser muß sich leicht bewegen), die Brühe durch ein Sieb gießen, 500 ml (½ l) davon abmessen

FÜR DIE SOSSE

30 g Butter oder Margarine, z.B. Sanella	zerlassen
35 g Weizenmehl	unter Rühren so lange darin erhitzen, bis es hellgelb ist
500 ml (½ l) Brühe	hinzugießen, mit einem Schneebesen durchschlagen, darauf achten, daß keine Klumpen entstehen, die Soße zum Kochen bringen, etwa 5 Minuten kochen lassen
1 Eigelb	mit
2 Eßl. kalter Milch	verschlagen (Foto 3), die Soße damit abziehen (nicht mehr kochen lassen)
1 Eßl. abgetropfte Kapern	hinzufügen, mit
Salz, gemahlenem Pfeffer, Speisewürze Zitronensaft	abschmecken, die Klopse in die Soße geben (Foto 4), 5 Minuten darin ziehen lassen
Garzeit:	Etwa 15 Minuten.

FRIKADELLEN

1 Brötchen (Semmel)	in kaltem Wasser einweichen (Foto 1)
2 mittelgroße Zwiebeln	abziehen, fein würfeln das Brötchen gut ausdrücken (Foto 2), mit den Zwiebeln,
600 g Gehacktes (halb Rind-, halb Schweinefleisch)	vermengen (Foto 3), mit
1 Ei Salz gemahlenem Pfeffer Paprika, edelsüß	abschmecken aus der Masse mit nassen Händen Frikadellen formen (Foto 4)
50 g Pflanzenfett, z.B. Biskin	erhitzen, die Frikadellen von beiden Seiten darin braten
Bratzeit:	Etwa 10 Minuten.
Beilage:	Kartoffelbrei, Möhrengemüse.

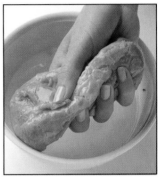

SCHWEINE-SCHMORBRATEN

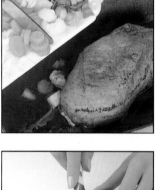

750 g Schweine-fleisch (aus der Keule, ohne Knochen)	unter fließendem kaltem Wasser abspülen, trockentupfen
2 Bund Suppengrün	putzen, waschen
6 mittelgroße Zwiebeln	abziehen beide Zutaten kleinschneiden
30 g Pflanzenfett, z.B. Biskin	erhitzen, das Fleisch von allen Seiten gut darin anbraten (Foto 1), mit
Salz gemahlenem Pfeffer gerebeltem Majoran	bestreuen, etwas
heißes Wasser	hinzugießen, das Fleisch schmoren lassen, von Zeit zu Zeit wenden, verdampfte Flüssigkeit nach und nach durch heißes Wasser ersetzen 30 Minuten vor Beendigung der Schmorzeit das geschnittene Gemüse hinzufügen (Foto 2) das gare Fleisch vor dem Schneiden 10 Minuten „ruhen" lassen, damit sich der Fleischsaft setzt das Fleisch quer zur Fleischfaser in Scheiben schneiden (Foto 3), auf einer vorgewärmten Platte anrichten den Bratensatz mit dem Gemüse durch ein Sieb streichen (Foto 4) (etwa 500 ml – ½ l), zum Kochen bringen, evtl. etwas einkochen lassen die Soße mit Salz, Pfeffer, Majoran abschmecken
Schmorzeit:	Etwa 1 ½ Stunden.
Beigabe:	Tomatensalat.

PANIERTE SCHWEINEKOTELETTS

4 Schweinekoteletts (je etwa 200 g)	unter fließendem kaltem Wasser abspülen, trockentupfen, leicht klopfen (Foto 1), mit
Salz frisch gemahlenem weißem Pfeffer	bestreuen die Koteletts zunächst in
2 Eßl. Weizenmehl 1 verschlagenen Ei 40 g Semmelmehl 50 g Pflanzenfett	(Foto 2), dann in (Foto 3), zuletzt in wenden (Foto 4) erhitzen, die Koteletts darin braten, auf einer vorgewärmten Platte anrichten
Bratzeit:	Von jeder Seite etwa 8 Minuten.
Beilage:	Gemüseplatte, Petersilienkartoffeln.
Veränderung:	Anstelle von Schweinekoteletts Kalbskoteletts oder Kalbsschnitzel verwenden. Die Bratzeit: 5–6 Minuten je Seite.
Tip:	Damit sich die Schweinekoteletts beim Braten nicht nach oben wölben, sollte vor dem Panieren der Fettrand ringsherum leicht eingeschnitten werden.

SCHWEINELEBER

500 g Schweine-leber (in Scheiben)	unter fließendem kaltem Wasser abspülen, etwa 30 Minuten in legen (Foto 1)
kalte Milch 5 mittelgroße Zwiebeln	abziehen, in Scheiben schneiden die Leber trockentupfen, in wenden (Foto 2)
20 g Weizenmehl 40 g Pflanzenfett, z.B. Biskin	erhitzen, die Leber hineinlegen, braten lassen (Foto 3) nachdem die untere Seite gebräunt ist, die Leber wenden, mit
Salz gemahlenem Pfeffer gerebeltem Majoran	bestreuen, gar braten die Leber auf einer vorgewärmten Platte anrichten die Zwiebelscheiben in das Bratfett geben, mit Salz, Pfeffer würzen, unter Wenden bräunen lassen, mit auf der Platte anrichten
Bratzeit für die Leber: für die Zwiebeln: Beilage: Veränderung:	6–8 Minuten 8–10 Minuten. Gebratene Apfelringe (Foto 4), Kartoffelbrei. Anstelle der Schweineleber Kalbs- oder Rinderleber verwenden.
Tip:	Von der in Mehl gewendeten Leber überflüssiges Mehl abschütteln, damit sich beim Braten keine unregelmäßige Kruste bildet.

RUMPSTEAKS MIT ZWIEBELN

4 große Zwiebeln	abziehen, halbieren, in Scheiben schneiden (Foto 1) bei
4 Rumpsteaks (je 200 g)	die Sehnen (Fett) an den Rändern etwas einschneiden (Foto 2)
50 g Speiseöl, z.B. Biskin	erhitzen, das Fleisch hineinlegen, nachdem die untere Seite gebräunt ist, das Fleisch wenden, mit
Salz gemahlenem Pfeffer Steak-Gewürz	bestreuen die Fleischscheiben öfter mit Bratfett begießen (Foto 3), damit sie saftig bleiben die Steaks auf einer vorgewärmten Platte anrichten, warm stellen die Zwiebelscheiben in das Bratfett geben, mit Salz, Pfeffer würzen, unter Wenden bräunen lassen, auf die Steaks geben (Foto 4)
Bratzeit für das Fleisch:	6–8 Minuten
für die Zwiebeln:	8–10 Minuten.
Beilage:	Weißbrot oder Pommes frites und frische Salate.

PIKANTE RINDERROULADEN

(Foto S. 42/43)

4 Scheiben Rindfleisch (je etwa 200 g, aus der Keule geschnitten)	leicht klopfen, mit
Senf	bestreichen (Foto 1), mit
Salz gemahlenem Pfeffer Paprika, edelsüß	bestreuen

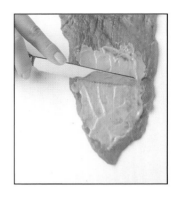

1 Gewürzgurke	längs halbieren, in schmale Streifen schneiden
60 g durchwachsenen Speck	in Streifen schneiden
2 Zwiebeln	abziehen, halbieren, in Scheiben schneiden die Zutaten auf die Fleischscheiben geben (Foto 2), von der schmalen Seite her aufrollen (Foto 3), mit Zahnstochern, einer Bratennadel oder Küchengarn zusammenhalten

2 Eßl. Schweineschmalz	in einem Schmortopf erhitzen, die Rouladen von allen Seiten gut darin anbraten
etwas heißes Wasser	hinzugießen, die Rouladen etwa 30 Minuten schmoren lassen
1 Bund Suppengrün	putzen, waschen, kleinschneiden, zu den Rouladen geben, mitschmoren lassen, von Zeit zu Zeit wenden, verdampfte Flüssigkeit nach und nach durch

etwa 125 ml (⅛ l) Rotwein, Fleischbrühe oder braunen Fond, S. 24	ersetzen (Foto 4) aus den Rouladen die Zahnstocher oder Bratennadeln ziehen oder das Küchengarn entfernen die Schmorflüssigkeit mit dem Suppengrün durch ein Sieb streichen
1 – 2 Eßl. Crème fraîche	unterrühren, einmal aufkochen lassen, die Soße mit Salz, Pfeffer, Paprika, edelsüß,
Weinbrand	abschmecken
Schmorzeit:	Etwa 1 ½ Stunden.
Beilage:	Nudeln, gemischter Salat oder Kartoffelklöße und Rotkohl.

HÜHNERFRIKASSEE

1 küchenfertige Poularde (1 kg)	unter fließendem kaltem Wasser abspülen, in
1 ½ l kochendes Salzwasser	geben, zum Kochen bringen, abschäumen
1 Bund Suppengrün	putzen, waschen
1 mittelgroße Zwiebel	abziehen, mit
1 Lorbeerblatt	
1 Gewürznelke	spicken

die Zutaten hinzufügen (Foto 1), die Poularde gar kochen lassen, aus der Brühe nehmen, die Brühe durch ein Sieb gießen, 500 ml (½ l) davon abmessen

das Fleisch von den Knochen lösen, die Haut entfernen (Foto 2), das Fleisch in große Würfel schneiden (Foto 3)

FÜR DIE SOSSE

25 g Butter oder Margarine, z.B. Sanella	zerlassen
30 g Weizenmehl	unter Rühren so lange darin erhitzen, bis es hellgelb ist
500 ml (½ l) Hühnerbrühe	hinzugießen, mit einem Schneebesen durchschlagen, darauf achten, daß keine Klumpen entstehen, die Soße zum Kochen bringen, etwa 5 Minuten kochen lassen
175 g gekochte Spargelstücke	
150 g gedünstete Champignons	
	beide Zutaten mit dem Fleisch in die Soße geben, kurz aufkochen lassen
4 Eßl. Weißwein	
1 Eßl. Zitronensaft	
1 Teel. Zucker	hinzufügen
2 Eigelb	mit
4 Eßl. Schlagsahne (30 % Fett)	verschlagen, das Frikassee damit abziehen (nicht mehr kochen lassen)

Salz
gemahlenem
Pfeffer
Worcestersoße
Zitronensaft
Kochzeit:
Beilage:

(Foto 4) mit

abschmecken
Etwa 1 Stunde.
Kochreis.

GEBRATENE POULARDE

1 küchenfertige
Poularde (1 ¼ kg)

2 Eßl. Speiseöl
Salz
Zwiebelpfeffer
½ Teel. Paprika,
edelsüß

Bratfolie
1 Bund Suppengrün

125 ml (⅛ l)
Schlagsahne
(30 % Fett)

gemahlenem Pfeffer
Strom:
Gas:
Bratzeit:
Beilage:

unter fließendem kaltem Wasser
abspülen, trockentupfen
mit

verrühren, die Poularde innen und
außen damit einreiben, auf
legen
putzen, waschen, kleinschneiden,
dazulegen
die Folie fest verschließen, einige
Male einstechen, auf dem Rost in
den vorgeheizten Backofen schieben
die gare Poularde kurze Zeit „ruhen"
lassen, erst dann die Folie vorsichtig
öffnen
die Poularde in Portionsstücke teilen,
auf einer vorgewärmten Platte
anrichten
den Bratensatz in einen Topf geben

hinzugießen, etwas einkochen lassen
die Soße mit Salz,
abschmecken
Etwa 200
Etwa 3
Etwa 50 Minuten.
Pommes frites (Tiefkühlkost) oder
Bratkartoffeln.

Ratgeber Geflügel

Bei Geflügel wird zwischen dem fettreichen, schwerer verdaulichen Fleisch von Gans und Ente sowie dem mageren, eiweißreichen und leicht verdaulichen Fleisch von Hühnern und Puten unterschieden.

Hähnchen sind Jungmasttiere mit einem Gewicht von 700–1200 g. Ihr Fleisch ist zart, saftig, eiweißreich und kalorienarm. Poularden sind Junghühner und wiegen von 1200–1500 g. Suppenhühner haben bereits 1–2 Legeperioden hinter sich. Ihr Fleisch ist fest, kräftig im Aroma, eiweißreich und fetter als das von Hähnchen und Poularden.

Frühmastenten sind Enten, die vor der ersten Federreife geschlachtet wurden, sie wiegen 1200–1800 g. Junge Enten sind nach der ersten Federreife geschlachtete Tiere von 1800–2200 g. Enten sind nach der Geschlechtsreife geschlachtete Tiere. Enten haben festes Fleisch und einen typischen Eigengeschmack. Ihr Fettgehalt ist von der Rasse und der Fütterung abhängig.

GEBRATENE ENTE

1 küchenfertige Ente (etwa 1 ½ kg)	unter fließendem kaltem Wasser abspülen, trockentupfen, innen mit
Salz	einreiben, mit dem Rücken nach unten auf den Rost auf eine mit Wasser ausgespülte Rostbratpfanne legen (Foto 1), auf die untere Schiene in den Backofen schieben, während des Bratens ab und zu unterhalb der Flügel und Keulen in die Ente stechen, damit das Fett besser ausbraten kann (Foto 2) nach 30 Minuten Bratzeit das angesammelte Fett abschöpfen (Foto 3) sobald der Bratensatz bräunt, etwas
heißes Wasser	hinzugießen, die Ente ab und zu mit dem Bratensatz begießen, verdampfte Flüssigkeit nach und nach ersetzen 10 Minuten vor Beendigung der Bratzeit die Ente mit
kaltem Salzwasser	bestreichen (Foto 4), die Hitze auf stark stellen, damit die Haut schön kroß wird die gare Ente in Portionsstücke schneiden, auf einer vorgewärmten Platte anrichten, warm stellen den Bratensatz mit Wasser loskochen durch ein Sieb gießen, mit Flüssigkeit auffüllen, auf der Kochstelle zum Kochen bringen
1−2 gestrichene Eßl. Weizenmehl 2 Eßl. kaltem Wasser	mit anrühren, den aufgefüllten Braten- satz damit binden, die Soße mit Salz,
Pfeffer	abschmecken
Strom:	200−225
Gas:	3−4
Bratzeit:	Etwa 1 ¾ Stunden.
Beilage:	Rotkohl, Kartoffelklöße, Apfel- scheiben mit Preiselbeerkompott oder Apfelmus.

Ratgeber Pflanzenfette

Im Gegensatz zu Margarine und Butter, die als Emulsionsfette aus einer Fett- und Wasserphase bestehen, sind Pflanzenfette 100% reines Fett.

Besonders hoch erhitzbare Pflanzenfette – wie zum Beispiel Biskin – eignen sich ausgezeichnet zum Braten von Fleisch, denn beim Einlegen des Bratgutes in das heiße Fett bekommt das Fleisch sofort eine Kruste, die den Saft im Fleisch einschließt. Das Bratgut wird außen knusprig und bleibt innen saftig.

Bei Nahrungsgut, das bei geringer Temperatur gegart wird, wie Omeletts, Eierkuchen, Rührei, oder beim Abschmelzen von Gemüse sollte Margarine verwendet werden.

Hervorragend geeignet zum Kochen sind spezielle Küchenmargarinen, wie zum Beispiel Sanella, die den Geschmack von warmen Speisen und Gebackenem abrunden und bei mäßigem Erhitzen in der Pfanne nur wenig spritzen.

PUTENSCHNITZEL

4 Putenschnitzel (je 125 – 150 g)	evtl. unter fließendem kaltem Wasser abspülen, trockentupfen, in
40 g Weizenmehl	wenden
1 Ei Salz gemahlenem weißem Pfeffer Paprika, edelsüß	mit
	verschlagen, die Schnitzel zunächst in dem verschlagenen Ei, dann in
50 g Semmelmehl 40 g Pflanzenfett, z. B. Biskin	wenden (gut festklopfen)
	erhitzen, die Schnitzel von beiden Seiten darin goldgelb braten, auf einer vorgewärmten Platte anrichten
Bratzeit:	10 – 12 Minuten.
Beilage:	Sahne-Kartoffelbrei, gemischter Salat.
Tip:	Zur Abwechslung 2 frische Pfirsiche oder abgetropfte Pfirsiche aus der Dose in 20 g zerlassener Butter schmoren und auf den Putenschnitzeln anrichten.

BADISCHER REHRÜCKEN

1 Rehrücken (etwa 1,6 kg)	enthäuten (Foto 1), unter fließendem kaltem Wasser abspülen, trockentupfen
1 Zwiebel	abziehen, würfeln
50 g Sellerie 1 Möhre	beide Zutaten waschen, schälen, in Würfel schneiden
3 Eßl. Speiseöl	in einem Bräter erhitzen, das Fleisch darin von allen Seiten anbraten Gemüsewürfel,

5 zerstoßene Wacholderbeeren Salz, Pfeffer	dazugeben, in den vorgeheizten Backofen schieben
2 Williamsbirnen	waschen, halbieren, mit einem Kugelausstecher das Kerngehäuse entfernen (Foto 2), die Birnen in
200 ml Weißwein Saft von 1 Zitrone	etwa 10 Minuten dünsten das Fleisch aus dem Bräter nehmen, vor dem Servieren 10 Minuten ruhen lassen, damit sich der Fleischsaft setzt, Gemüse durch ein Sieb streichen, Bratensatz mit

200 ml trockenem Rotwein	ablöschen, Gemüsepüree dazugeben
400 ml Schlagsahne	angießen
2 Eßl. Preiselbeerkompott	dazugeben, einkochen lassen, die Soße durch ein Sieb streichen (Foto 3), nochmals mit Salz, Pfeffer abschmecken das Fleisch vom Knochengerüst lösen, in Scheiben schneiden (Foto 4), wieder auf das Knochengerüst legen, auf einer vorgewärmten Platte anrichten, Birnenhälften mit

150 g Preiselbeerkompott	füllen, um den Rehrücken legen, die Soße getrennt dazu reichen
Strom:	200–225, Gas: 3–4
Bratzeit:	35–50 Minuten (je nach Alter des Tieres).

WILDSCHWEINKEULE

1 ¼ kg Wild-schweinkeule (ohne Knochen)	unter fließendem kaltem Wasser abspülen, trockentupfen, mit
Salz, Pfeffer	einreiben, das Fett (falls vorhanden) gitterförmig einschneiden, das Fleisch mit der Fettschicht nach oben auf den Rost in eine mit
10 g Pflanzenfett	gefettete Rostbratpfanne legen (Foto 1), mit
100 g Speck-scheiben	belegen, in den Backofen schieben sobald der Bratensatz bräunt, etwas von
250 ml (¼ l) Rotwein	hinzugießen, das Fleisch ab und zu mit dem Bratensatz begießen, verdampfte Flüssigkeit nach und nach ersetzen
1 Zwiebel	abziehen
1 Bund Suppengrün	putzen, waschen (Foto 2) beide Zutaten kleinschneiden, mit
1 Lorbeerblatt 10 zerdrückten Wacholderbeeren 20 Pfefferkörnern 5 Pimentkörnern	30 Minuten vor Beendigung der Bratzeit in die Rostbratpfanne geben (Foto 3), mitbraten lassen, das sich evtl. sammelnde Fett abschöpfen, das gare Fleisch in Scheiben schneiden (Foto 4) den Bratensatz mit Wasser los-kochen, durch ein Sieb gießen
2 Eßl. Johannis-beergelee (60 g) 3 Eßl. saure Sahne (10 % Fett)	hinzufügen, nach Belieben mit
30 g Weizenmehl kaltem Wasser 2 Eßl. saurer Sahne	anrühren, den aufgefüllten Braten-satz damit binden, die Soße mit Salz, Pfeffer abschmecken
Strom:	200–225, Gas: 3–4
Bratzeit:	2–2 ½ Stunden (je nach Alter des Tieres).

HIRSCHRAGOUT

800 g Hirschfleisch (aus der Schulter, ohne Knochen)	unter fließendem kaltem Wasser abspülen, trockentupfen, in Würfel schneiden (Foto 1), mit
2 Eßl. Portwein	begießen, einige Stunden stehen-lassen
75 g durch-wachsenen Speck	in kleine Würfel schneiden

30 g Pflanzenfett, z.B. Biskin	zerlassen, die Speckwürfel darin auslassen (Foto 2), das Fleisch hinzu-fügen, von allen Seiten gut darin anbraten
1 mittelgroße Zwiebel	abziehen, würfeln, hinzufügen, mitbräunen lassen
Salz gemahlenen Pfeffer 4 Wacholderbeeren 3 Gewürznelken 2 Messerspitzen Thymian 250 ml (¼ l) heißes Wasser oder brauen Fond, S. 24	hinzufügen, das Fleisch gar schmoren lassen verdampfte Flüssigkeit nach und nach durch heißes Wasser oder brauen Fond ersetzen

250 g Champignons oder Pfifferlinge	putzen (Foto 3), waschen, etwa 10 Minuten vor Beendigung der Schmorzeit mit
250 ml (¼ l) heißem Wasser	zu dem Ragout geben

2 schwach gehäufte Eßl. Johannisbeer-gelee (50 g)	unterrühren (Foto 4) das Ragout mit
dunklem Soßen-Helfer Schmorzeit:	binden, mit Salz abschmecken Etwa 2 Stunden (je nach Alter des Tieres).

Eierspeisen

Eier sind fast unentbehrlich, ob als Frühstücksei, als Eierkuchen, zum Binden, zum Panieren oder Garnieren. Ein Ei ist ein Universallebensmittel, vielseitig einzusetzen und zu kombinieren.

Eier lockern durch das Eiweiß, das mehr oder weniger steif geschlagen wird Soßen, Suppen, Cremes und Teige. Das Eigelb bindet Suppen, Soßen, Cremes und Teige. Eigelb kann auch fetthaltige und wasserhaltige Lebensmittel zu einer Emulsion verbinden, z. B. bei Mayonnaise.

GEKOCHTE EIER

Frische Eier	am runden Ende mit einer Nadel oder einem Eierpick anstechen, damit sie nicht platzen
Wasser	zum Kochen bringen, Eier auf Eßlöffel legen, vorsichtig in das kochende Wasser gleiten lassen, wieder zum Kochen bringen, mit dem Eßlöffel herausnehmen, kalt abschrecken, damit sie sich besser pellen lassen
Kochzeit:	Weiche Eier 3– 4 Minuten harte Eier 8– 10 Minuten
Tip:	Sehr kalte Eier in lauwarmem Wasser vorwärmen, damit die Schalen nicht platzen.

EIERSALAT

6 Eier	hartkochen, pellen, achteln (Foto 1)
2 Fleischtomaten	waschen, die Stengelansätze herausschneiden, die Tomaten in Würfel schneiden
30 g Kapern	auf einem Sieb abtropfen lassen (Foto 2)
2 Frühlingszwiebeln	putzen, in feine Ringe schneiden Eierachtel, Tomatenwürfel, Kapern, Zwiebelringe auf einem Teller anrichten

FÜR DIE SALATSOSSE

1 Eßl. Essig	mit
2 Teel. Dijon-Senf	
100 g Schlagsahne	
Salz	
Zucker	verrühren (Foto 3), über die Salatzutaten geben (Foto 4), den Salat mit
Basilikumblättchen	bestreuen.

SPIEGELEIER

20 g Butter oder Margarine, z.B. Sanella	in einer Bratpfanne zerlassen
4 Eier	vorsichtig aufschlagen, nebeneinander in das Fett gleiten lassen, das Eiweiß mit
Salz	bestreuen, braten lassen
Bratzeit:	Etwa 5 Minuten.
Veränderung:	Schinkenspeck-Scheiben in dem Fett anbraten, die Eier darauf schlagen, mit gemahlenem Pfeffer würzen.
Beilage:	Salzkartoffeln, Spinat oder Mangold.

RÜHREIER

6 Eier	mit
6 Eßl. Milch (3,5 % Fett)	
Salz	kurz verschlagen (Foto 1)
45 g Butter oder Margarine, z.B. Sanella	in einer Bratpfanne zerlassen (Foto 2), die Eier-Milch hineingeben sobald die Masse zu stocken beginnt, sie strichweise vom Boden der Pfanne losrühren (Foto 3), so lange weiter erhitzen, bis keine Flüssigkeit mehr vorhanden ist Rührei muß weiß und großflockig, aber nicht trocken sein
3 Eßl. feingeschnittenen Schnittlauch	über das Rührei streuen, sofort servieren (Foto 4)
Gerinnungszeit:	Etwa 5 Minuten.
Beilage:	Schwarzbrot.

VERLORENE EIER, POCHIERTE EIER

1 l Wasser	mit
3 Eßl. Essig	zum Kochen bringen
6 Eier	einzeln in einer Kelle aufschlagen, vorsichtig in das kochende Wasser geben (Foto 1) (bei Gas die Flamme klein stellen, bei Strom die Kochplatte auf Stufe 0 schalten), die garen Eier mit einem Schaumlöffel herausnehmen (Foto 2), kurz in kaltes Wasser halten, ringsherum zu einer hübschen Form beschneiden (Foto 3), Eier anrichten, evtl. mit gehackten Kräutern bestreuen (Foto 4)
Garzeit:	3–4 Minuten. Verlorene Eier als Einlage für Suppen, auf gerösteten Brotscheiben als Vorspeise oder mit verschiedenen Soßen als selbständiges Gericht reichen.
Tip:	Die verlorenen Eier zu Senfsoße reichen oder gedünstetem Blattspinat anrichten.

EIERKUCHEN, PFANNKUCHEN

(Foto S. 68/69)

250 g Weizenmehl	in eine Schüssel sieben (Foto 1), in die Mitte eine Vertiefung eindrücken (Foto 2)
4 Eier	mit
Zucker	
Salz	
375 ml (⅜ l) Milch (3,5 % Fett)	
125 ml (⅛ l) Mineralwasser	verschlagen, etwas davon in die Vertiefung geben, von der Mitte aus Eier-Flüssigkeit und Mehl verrühren (Foto 3), nach und nach die übrige Eier-Flüssigkeit dazugeben, darauf achten, daß keine Klumpen entstehen, etwas von
150 g Margarine	in einer Bratpfanne erhitzen, eine dünne Teiglage hineingeben (Foto 4), von beiden Seiten goldgelb backen bevor der Eierkuchen gewendet wird, etwas Margarine in die Pfanne geben.
Beilage:	Kompott, Zimt und Zucker, Ahornsirup, Früchte.
Veränderung:	Statt der ganzen Eier nur das Eigelb in den Teig rühren und das steif geschlagene Eiweiß erst kurz vor dem Backen unterheben. Das macht den Eierkuchen zarter und lockerer. Für Apfelpfannkuchen 1 kg mürbe Äpfel schälen, vierteln, entkernen, in dünne Scheiben schneiden, die Apfelscheiben in der Margarine anbraten, den Teig darübergeben und wie oben weiterbacken, den fertigen Eierkuchen mit
Zimt-Zucker	bestreuen.
Tip:	Der Eierkuchen wird besonders locker, wenn der Teig vor dem Servieren 1–2 Stunden ruht, damit das Mehl quellen kann.

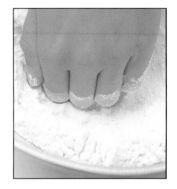

Gemüse und Salate

Frische ist angesagt, wenn es um Gemüse und Salate geht. Gemüse und Salate enthalten einen hohen Anteil an wertvollen Vitaminen und Mineralstoffen und unverdaulichen Füll- und Quellstoffen. Sie sind die ideale Ergänzung zu unserer ballaststoffarmen Ernährung.

Gemüse und Salate sollten nicht nur Beilage zu Fisch und Fleisch sein, sondern Grundlage einer gesunden Ernährung für jeden. Etwa ein Drittel der Nahrung sollten aus frischem Gemüse und Salaten bestehen.

Im Gegensatz zu Fleisch, Fisch, Ei, Nährmitteln und süßen Speisen können Salate in beliebiger Menge gegessen werden, da sie nur wenig Energie liefern. Die Art der Zubereitung spielt für den Kaloriengehalt allerdings eine wichtige Rolle.

DICKE BOHNEN MIT SPECK

(Foto S. 74/75)

750 g ausgepahlte Große Bohnen (2½-3 kg mit Hülsen) 1 Stengel Bohnenkraut	
100 g Speck 2–3 Zwiebeln	beide Zutaten waschen in Würfel schneiden, auslassen abziehen, halbieren, in Scheiben schneiden, in dem Speck goldgelb dünsten lassen die Bohnen hinzufügen, mitdünsten lassen, Bohnenkraut,
gut 125 ml (⅛ l) Wasser Salz 1 Eßl. feingeschnittenem Schnittlauch	dazugeben, gar dünsten lassen, mit bestreuen
Dünstzeit:	Etwa 40 Minuten.
Beilage:	Durchwachsener Speck in Scheiben geschnitten und braun gebraten.

GRÜNE BOHNEN

(Schnitt- oder Brechbohnen)

	Für Schnittbohnen eine flache, breite Sorte, am besten Stangenbohnen nehmen, für Brechbohnen die runden, fleischigen, sogenannten Speckbohnen nehmen
750 g Grüne Bohnen	evtl. abfädeln, waschen, schneiden oder brechen
1 mittelgroße Zwiebel 25 g Butter oder Margarine, z.B. Sanella	abziehen, würfeln zerlassen, die Zwiebelwürfel darin hellgelb dünsten, die Bohnen dazugeben, andünsten
125 ml (⅛ l) Wasser Salz	

gemahlenen Pfeffer	hinzufügen, gar dünsten lassen
10 g Butter	hinzufügen, kurz miterhitzen die Bohnen mit Salz, Pfeffer abschmecken, mit
1 Eßl. gehackter Petersilie	bestreuen
Dünstzeit:	Etwa 15 Minuten.
Veränderung:	250 g in Stücke geschnittene Tomaten 10 Minuten mitdünsten.

SAUERKRAUT

2 Zwiebeln	abziehen, würfeln
60 g Schweine-schmalz	zerlassen (Foto 1), die Zwiebeln darin hellgelb dünsten (Foto 2)
750 g Sauerkraut	zerpflücken, hinzufügen (Foto 3), andünsten
250 ml (¼ l) Wasser	hinzugießen, gar dünsten lassen
1 rohe Kartoffel	schälen, waschen, reiben (Foto 4), zu dem Sauerkraut geben, kurz aufkochen lassen, damit es sämig wird das Sauerkraut mit
Salz Zucker	abschmecken
Dünstzeit:	40–60 Minuten.
Veränderung:	2 Äpfel oder statt des Wassers halb Weißwein und halb Wasser an das Sauerkraut geben.
Beilage:	Eisbein, Erbsenpüree und Kartoffel-brei oder Kasseler Rippenspeer.

LEIPZIGER ALLERLEI
(Etwa 8 Portionen)

250 g Spargel	waschen, von oben nach unten dünn schälen (Foto), in 4 cm lange Stücke schneiden
500 g Erbsen in der Schote (oder 250 g tiefge- kühlte)	aus der Schote palen
1 kleinen Blumen- kohl	putzen, waschen, in Röschen teilen (Foto 2)
250 g Zucker- schoten	waschen
250 g Kohlrabi	waschen, schälen, in Würfel schneiden
250 g Möhren	waschen, schrappen, in Scheiben schneiden in einem großen Topf
Wasser	mit
1 Brühwürfel Salz	zum Kochen bringen Blumenkohl, Erbsen zugeben, nach 15 Minuten den Spargel zufügen, weitere 10—20 Minuten garen Gemüse auf einem Durchschlag abtropfen lassen (Foto 3) die Hälfte von
80 g Butter	zerlassen (Foto 4) Zuckerschoten, Kohlrabi, Karotten darin andünsten, mit Salz,
gemahlenem Pfeffer	würzen, in 25—30 Minuten gar dünsten
1 Bund glatte Petersilie	abspülen, trockentupfen, die Blättchen von den Stengeln zupfen, fein hacken mit der restlichen Butter, dem abgetropften Gemüse unter das gedünstete Gemüse ziehen
Kochzeit:	25—35 Minuten
Dünstzeit:	25—30 Minuten
Beilage:	Feine Fleischgerichte.

BLUMENKOHL MIT HELLER SOSSE

1 mittelgroßen Kopf Blumenkohl (750 g)	von Blättern, schlechten Stellen und dem Strunk befreien (Foto 1), unter fließendem kaltem Wasser waschen, einige Zeit in
kaltes Salzwasser	legen, um Raupen und Insekten zu entfernen (Foto 2)

250 ml (¼ l) Salzwasser 250 ml (¼ l) Milch (3,5 % Fett)	zum Kochen bringen, den Blumen- kohl mit dem Strunk nach unten hineingeben (Foto 3), zum Kochen bringen, gar kochen lassen
	den Blumenkohl mit einem Schaum- löffel herausheben (Foto 4), in eine vorgewärmte Schüssel geben, warm stellen
	von der Kochflüssigkeit 375 ml (⅜ l) abmessen (evtl. mit Milch ergänzen)

FÜR DIE HELLE SOSSE

25 g Butter	zerlassen
20 g Weizenmehl	unter Rühren so lange darin erhitzen, bis es hellgelb ist
375 ml (⅜ l) Flüssigkeit	hinzugießen, mit einem Schneebesen durchschlagen, darauf achten, daß keine Klumpen entstehen, die Soße zum Kochen bringen, etwa 5 Minuten kochen lassen
1 Eigelb	mit
2 Eßl. Schlagsahne (30 % Fett)	verschlagen, die Soße damit ab- ziehen (nicht mehr kochen lassen), mit
Salz, Zitronensaft	abschmecken
	die Soße über den Blumenkohl geben, mit
1 Eßl. gehackter Petersilie	bestreuen
Kochzeit für den Blumenkohl:	25–30 Minuten
Kochzeit für die Soße:	Etwa 5 Minuten.

GEFÜLLTE PAPRIKA

	Von
4 großen Paprika-schoten (1 kg)	einen Deckel abschneiden, Kerne und weiße Scheidewände entfernen (Foto 1), die Schoten waschen, abtrocknen, mit einer Nadel einige Male in den Boden jeder Paprika-schote stechen

50 g Langkornreis (parboiled) 250 ml (¼ l) kochendes Salz-wasser	in
	geben, zum Kochen bringen, aus-quellen lassen (er muß noch körnig sein), den garen Reis zum Abtropfen auf ein Sieb geben, mit kaltem Wasser übergießen
1 kleine Zwiebel 1 Ei 375 g Hackfleisch (halb Rind-, halb Schweinefleisch) Salz, Pfeffer	abziehen, würfeln, die Zutaten mit

	vermengen, mit
	abschmecken, die Füllung in die Schoten geben (Foto 2), die Deckel wieder darauf legen
1 kleine Zwiebel 4 Eßl. Olivenöl	abziehen, würfeln
	erhitzen, die Zwiebelwürfel darin andünsten, die Paprikaschoten nebeneinander hineinstellen (Foto 3)
200 g Tomaten	waschen, die Stengelansätze herausschneiden, die Tomaten in Stücke schneiden, dazugeben

375 ml (⅜ l) heißes Wasser	hinzugießen, das Gemüse gar dünsten lassen, die Paprikaschoten warm stellen die Tomatensoße durch ein Sieb streichen (Foto 4), 375 ml (⅜ l) davon abmessen, zum Kochen bringen, mit
hellem Soßen-Helfer	binden
2 Eßl. Schlagsahne Zucker	hinzufügen, die Soße mit Salz, abschmecken
Garzeit für den Reis:	12 – 15 Minuten
Dünstzeit für das Gemüse:	Etwa 50 Minuten.

ROTKOHL

	Von
1 kg Rotkohl	die groben äußeren Blätter ablösen, den Kohl vierteln (Foto 1), den Strunk herausschneiden (Foto 2), den Kohl waschen, sehr fein schneiden (Foto 3) oder hobeln
3 mittelgroße saure Äpfel	schälen, vierteln, entkernen, klein- schneiden
60 g Schweine- schmalz	zerlassen, Kohl und Apfelstücke dazugeben, andünsten
1 mittelgroße Zwiebel	abziehen, mit
1 Lorbeerblatt einigen Gewürz- nelken	spicken (Foto 4), mit
Salz Zucker 1 – 2 Eßl. Essig 125 ml (⅛ l) Wasser	hinzufügen, den Rotkohl gar dünsten lassen, mit Salz, Zucker, Essig abschmecken
Garzeit:	Etwa 2 Stunden.
Veränderung:	Anstelle von Wasser Weiß- oder Rotwein nehmen; evtl. auch 1 Eßl. Johannisbeergelee mitkochen oder 2 Eßl. Preiselbeerkompott unter- rühren. Nach Belieben den Rotkohl mit Soßen-Helfer binden.
Tip:	Es ist empfehlenswert, Rotkohl in größeren Mengen zuzubereiten und ihn dann portionsweise einzufrieren. Einzufrierender Rotkohl sollte noch „Biß" haben, also nicht zu gar sein.

KOHLROULADEN

Von 1 ½ kg Weißkohl	den Keil herausschneiden, den Kohl kurze Zeit in
kochendes Salz-wasser	legen (Foto 1), bis sich die äußeren Blätter lösen, diesen Vorgang wiederholen, bis alle Blätter gelöst sind, abtropfen lassen, die dicken Rippen flachschneiden (Foto 2)

FÜR DIE FÜLLUNG

1 Brötchen (Semmel)	in kaltem Wasser einweichen, gut ausdrücken
1 mittelgroße Zwiebel 1 Ei 250 g Hackfleisch (halb Rind-, halb Schweinefleisch)	abziehen, würfeln, die Zutaten mit
	vermengen, mit
Salz, Pfeffer	abschmecken, 2–3 große Kohl-blätter übereinanderlegen, einen Teil der Füllung darauf geben (Foto 3), die Blätter aufrollen die Rouladen mit einem Faden um-wickeln oder mit Rouladennadeln zusammenhalten

75 g Margarine, z.B. Sanella	erhitzen, die Rouladen von allen Seiten gut darin bräunen (Foto 4),
etwas heißes Wasser	hinzugießen, die Rouladen schmoren lassen, von Zeit zu Zeit wenden, verdampfte Flüssigkeit nach und nach durch heißes Wasser ersetzen wenn die Rouladen gar sind, die Fäden (Rouladennadeln) entfernen die Rouladen auf einer vorge-wärmten Platte anrichten

1 gestrichenen Eßl. Speisestärke 2 Eßl. kaltem Wasser	mit
	anrühren, die Flüssigkeit damit binden, die Soße mit Salz abschmecken
Schmorzeit:	Etwa 2 Stunden.

KOPFSALAT

	Von
2 mittelgroßen Köpfen Salat (300 g)	die welken Blätter entfernen (Foto 1), die anderen vorsichtig vom Strunk lösen (Foto 2), die großen Blätter teilen (Foto 3), die Herzblätter ganz lassen den Salat in reichlich Wasser gründlich waschen, aber nicht drücken, auf einem Durchschlag abtropfen lassen oder in einem Tuch oder Drahtkorb ausschwenken (Foto 4)

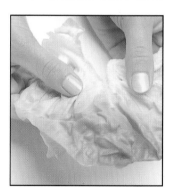

FÜR DIE SAHNESOSSE

1 Becher (150 g) saure Sahne (10% Fett)	mit
1 Eßl. Salatöl, z.B. Livio 1 Eßl. Milch (3,5% Fett)	verrühren, mit
Salz gemahlenem Pfeffer	
Zucker	abschmecken
1 mittelgroße Zwiebel	abziehen, fein würfeln
2 Eßl. gehackte Kräuter (Petersilie, Dill, Zitronenmelisse, Pimpinelle, Schnittlauch)	

die Zutaten unterrühren
den Salat kurz vor dem Anrichten mit der Soße vermengen.

BUNTE SALATPLATTE

(6 Portionen)

3 kleine Tomaten	kurze Zeit in kochendes Wasser legen (nicht kochen lassen), in kaltem Wasser abschrecken, enthäuten, die Stengelansätze herausschneiden, die Tomaten in Scheiben schneiden
½ Salatgurke (200 g)	waschen, abtrocknen, längs halbieren, in Scheiben schneiden
125 g Stauden-sellerie (vorbe-reitet gewogen)	waschen, evtl. halbieren, in 4 cm große Stücke schneiden
2 kleine Zucchini (200 g)	waschen, evtl. halbieren, in Scheiben schneiden (Foto 1)
125 g gedünstete Grüne Bohnen 125 g gedünstete Möhrenstifte	

FÜR DIE SALATSOSSE

2 Becher (je 150 g) Crème fraîche (30 % Fett)	mit
1 schwach ge-häuften Eßl. Tomatenketchup 1 schwach ge-häuften Teel. Rotisseur-Senf 1 Eßl. Milch (3,5 % Fett)	verrühren (Foto 2), mit
Salz gemahlenem Pfeffer	
Zucker	abschmecken
1 Bund gemischte Kräuter, z.B. (Kerbel, Zitronen-melisse, Dill, Schnittlauch, Petersilie)	abspülen, trockentupfen, die Blätt-chen von den Stengeln zupfen, fein hacken (Foto 4), unter die Soße rühren

die Salatzutaten auf einer großen
Platte anrichten, die Soße darüber
verteilen (Foto 4).

Tip: Die Gemüsezusammenstellung kann
beliebig verändert werden, z.B.
Fenchel, Champignons, Tomaten,
Möhren, Rosenkohl und Porree.

GURKENSALAT

1 mittelgroße
Salatgurke (750 g) waschen, abtrocknen, mit einem
Sparschäler schälen (Foto 1), in feine
Scheiben schneiden oder hobeln
(Foto 2)

FÜR DIE SALATSOSSE

3 Eßl. Salatöl.
z.B. Livio mit
2 Eßl. Essig verrühren (Foto 3), mit
Salz
gemahlenem
Pfeffer
Zucker abschmecken

1 mittelgroße
Zwiebel abziehen, fein würfeln
2 Eßl. gehackte
Kräuter (Dill,
Petersilie)

die Zutaten unterrühren
die Gurkenscheiben kurz vor dem
Anrichten mit der Soße vermengen
(Foto 4).

Anmerkung: Gurkenscheiben nicht einsalzen,
weil dadurch der Salat schwer verdaulich wird und durch das Weg-
gießen des Gurkenwassers wertvolle
Nährstoffe verloren gehen.

Veränderung: Anstelle von Salatgurke Zucchini
verwenden.

Kartoffeln und Nährmittel

Kartoffeln, Nudeln, Reis oder Klöße (Knödel) rangieren meist unter Beilagen, was ihrer Bedeutung jedoch in keiner Weise gerecht wird. Denn was wäre ein Braten ohne Kartoffeln oder Knödel, ein Gulasch ohne Nudeln, ein Hühnerfrikassee ohne Reis.

So kommt die gute, alte Kartoffel langsam wieder zu Ehren. Und das ist auch richtig, da Kartoffeln vielseitig zu verwenden sind und wichtige Nährstoffe, Vitamine und Ballaststoffe enthalten.

Nährmittel nennt sich alles, was Getreide ist, oder daraus hergestellt wird. Das bedeutet, das alles was aus Weizen, Roggen, Gerste, Hafer, Mais, Hirse und Reis gemacht wird, zu den Nährmitteln zählt. Und auch die Nudeln gehören hierher, ob mit oder ohne Ei, ob selbstgemacht oder gekauft.

Ratgeber Kartoffeln

Kartoffeln haben eine große Bedeutung als Beilage und als Grundlage für die unterschiedlichsten Gerichte.

Der Eiweißgehalt liegt nur bei etwa 2 Prozent. Das Eiweiß ist jedoch besonders hochwertig und läßt sich gut mit anderem Eiweiß kombinieren. Kartoffeln enthalten wenig Fett und sind leicht verdaulich. Sie liefern darüberhinaus die Mineralstoffe Kalium, Phosphor, Calcium und Eisen und die Vitamine A, B₁, Niacin und vor allem Vitamin C.

Wichtig für die Verwendung der verschiedenen Kartoffelsorten sind die Kocheigenschaften. Es werden festkochende, vorwiegend festkochende und mehlig festkochende Kartoffeln unterschieden.

Festkochende Kartoffeln eignen sich besonders gut für Salat. Vorwiegend festkochende Kartoffeln werden für Eintöpfe, Salzkartoffeln und Bratkartoffeln verwendet. Mehlig festkochende Kartoffelsorten bieten sich für Kartoffelbrei, Klöße (Knödel), Suppen und zum Binden von Suppen, Soßen und Gemüse an.

SALZKARTOFFELN

750 g Kartoffeln	waschen, mit einem Sparschäler dünn schälen, Augen entfernen, nochmals waschen, größere Kartoffeln ein- oder zweimal durchschneiden, in
Salzwasser	zum Kochen bringen, gar kochen lassen, abgießen die Kartoffeln im offenen Topf unter öfteren Schütteln abdämpfen lassen oder zum Abdämpfen ein Küchentuch zwischen Topf und Deckel legen
Kochzeit:	20–25 Minuten.

SCHAL- ODER PELLKARTOFFELN

1 kg gleichgroße Kartoffeln einer Sorte	in kaltem Wasser gründlich bürsten, waschen, evtl. mit
1 Teel. Kümmel	in
Salzwasser	zum Kochen bringen, garkochen lassen, abgießen, die Kartoffeln im offenen Topf unter öfterem Schütteln abdämpfen lassen oder zum Abdämpfen ein Küchentuch zwischen Topf und Deckel legen.
Kochzeit:	25–30 Minuten.

KARTOFFELBREI

1 kg mehlig- kochende Kartoffeln	mit dem Sparschäler schälen (Foto 1), waschen, in gleichgroße Stücke schneiden (Foto 2), in
Salzwasser	zum Kochen bringen, gar kochen lassen, abgießen, sofort durch die Kartoffelpresse geben (Foto 3)

75 g Butter 250 ml (¼ l) heiße Milch (3,5% Fett)	hinzufügen den Topf auf die Kochstelle setzen, den Brei so lange schlagen, bis eine einheitliche Masse entstanden ist (Foto 4), mit
Salz geriebener Muskatnuß	abschmecken
Kochzeit:	Etwa 20 Minuten.
Veränderung:	Den Kartoffelbrei mit in Fett gebräunten Zwiebelringen oder geröstetem Semmelmehl anrichten.
Tip:	Vor dem Servieren 4 Eßl. geriebenen Käse unter den Kartoffelbrei rühren, oder 100 g Speck- und 100 g Zwiebel- würfel braten und unterrühren.

KARTOFFEL-PFANN-KUCHEN, KARTOFFELPUFFER, REIBEKUCHEN

2 kg Kartoffeln	schälen
1 mittelgroße Zwiebel	abziehen
	beide Zutaten waschen, reiben (Foto 1), mit
Salz	
4 Eiern	
60 g Weizenmehl	verrühren (Foto 2)
	etwas von
250 ml (¼ l) Speiseöl, z.B. Livio	in einer Bratpfanne erhitzen, den Teig eßlöffelweise hineingeben (Foto 3), flach drücken, von beiden Seiten braun und knusprig backen, überschüssiges Fett auf Haushalts-papier abtropfen lassen (Foto 4).
Beilage:	Kompott, Apfelmus, Kümmel-quark, Brot, Butter.
Tip:	Wer es würzig mag, gibt klein-gehackten Schinken, geriebenen Käse oder gehackte Kräuter unter den Kartoffelteig. Dazu schmeckt grüner Salat.

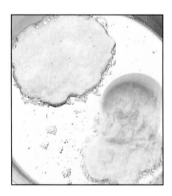

BRATKARTOFFELN, BAUERNFRÜHSTÜCK

(Foto S. 88/89)

1 kg Kartoffeln	waschen, in Wasser zum Kochen bringen, gar kochen lassen, abgießen, abdämpfen, dazu ein Küchentuch zwischen Topf und Deckel legen (Foto 1), Kartoffeln pellen, erkalten lassen, in Scheiben schneiden
30 g durchwachsenen Speck	in Würfel schneiden (Foto 2)
1 große Zwiebel	abziehen, würfeln
50 g Margarine, z.B. Sanella	in einer Bratpfanne zerlassen, Speck- und Zwiebelwürfel hineingeben, auslassen (Foto 3), Kartoffelscheiben zufügen, mit
Salz	bestreuen, braun braten, vorsichtig wenden (Foto 4)
Kochzeit:	25–30 Minuten
Bratzeit:	Etwa 10 Minuten.
Veränderung:	Übriggebliebene Salzkartoffeln ebenso braten. *Für Bauernfrühstück* 4 Zwiebeln und 75 g durchwachsenen Speck verwenden, die braungebratenen Kartoffeln mit einer Eiermilch aus 3 Eiern, 3 Eßl. Milch, Salz, Pfeffer, Paprika, geriebener Muskatnuß übergießen, die Eiermilch stocken lassen, evtl. einmal wenden.

KARTOFFELSALAT

750 g kleine festkochende Kartoffeln	mit der Schale etwa 20 Minuten kochen, pellen, (Foto 1), in Scheiben schneiden
1 Zwiebel	abziehen, würfeln, mit
125 ml (⅛ l) Fleischbrühe 4 Eßl. Essig 1 Teel. Zucker gemahlenem Pfeffer	aufkochen (Foto 2), den Sud mit
Salz	abschmecken, über die noch warmen Kartoffelscheiben gießen, vorsichtig vermengen (Foto 3), alles solange ziehen lassen, bis die Marinade von den Kartoffeln vollkommen aufgenommen worden ist, ab und zu vorsichtig umrühren
1 Bund Radieschen (250 g mit Grün)	putzen, waschen, in Scheiben schneiden
150 g Maiskörner (aus der Dose)	abtropfen lassen, mit den Radieschenscheiben zu den Kartoffeln geben
1−2 Eßl. geriebenen Meerrettich 1 Eßl. Mayonnaise (50%) 1 Becher (150 g) saure Sahne 2−3 Eßl Zitronensaft 1 Teel. Zucker	verrühren (Foto 4), unter den Salat mengen
1 Bund Dill 2 Zweige Zitronenmelisse	unter fließendem kalten Wasser abspülen, trockentupfen, hacken, die Kräuter kurz vor dem Servieren unter den Salat mengen.

KARTOFFELKLÖSSE

750 g Kartoffeln	waschen, in Wasser zum Kochen bringen, gar kochen lassen, abgießen, pellen, sofort durch die Kartoffelpresse geben (Foto 1), bis zum nächsten Tag kalt stellen
50 g Semmelmehl 20 g Weizenmehl 2 Eier Salz geriebener Muskatnuß	unterkneten (Foto 2), den Teig mit abschmecken aus dem Teig mit bemehlten Händen 12 Klöße formen (Foto 3), in
kochendes Salzwasser	geben (Foto 4), zum Kochen bringen, gar ziehen lassen (Wasser muß sich leicht bewegen) die garen Klöße gut abtropfen lassen
Kochzeit für die Kartoffeln:	25–30 Minuten
Garzeit für die Klöße:	20–25 Minuten.

Kartoffelklöße zu Sauerbraten oder Schweinebraten, Rotkohl oder Broccoli reichen.

NUDELSALAT

250 g kleine Nudeln 2 ½ l kochendes Salzwasser	in geben, nach Packungsaufschrift gar kochen, abgießen, mit kaltem Wasser abschrecken
1 Eßl. Speiseöl, z.B. Livio 300 g gedünstete Erbsen	untermengen und die Nudeln abkühlen lassen
1 rote Zwiebel	abziehen, würfeln
20 g Kapern	auf einem Sieb abtropfen lassen
1 Dose Thunfisch in Öl (Einwaage etwa 200 g)	ebenfalls auf einem Sieb abtropfen lassen, Thunfisch zerpflücken

2 Fleischtomaten	halbieren, die Stengelansätze herausschneiden, Tomaten in Würfel schneiden, alles unter die abgekühlten Nudeln heben

FÜR DIE SALATSOSSE

2 Eßl. Mayonnaise 150 g (1 Becher) saurer Sahne 1 Teel. Senf Saft von ½ Apfelsine Salz	mit

Pfeffer	verrühren, über den Salat geben, untermischen, den Salat einige Minuten durchziehen lassen.

HAUSMACHERNUDELN

500 g Weizenmehl	in eine Schüssel sieben, in die Mitte eine Vertiefung drücken
3–4 Eier (je nach Größe)	in die Vertiefung geben (Foto 1), mit einem Schneebesen verrühren (Foto 2)
1 Teel. Salz	in
4 Eßl. Wasser	auflösen, unter den Teig arbeiten kräftig kneten, bis ein seidig geschmeidiger Teig entstanden ist falls er zu fest ist, noch 2 Eßl. Wasser zugeben Teig in ein Tuch geben, 30 Minuten ruhen lassen
Weizenmehl	auf ein Küchentuch sieben, dünn ausrollen, in Streifen schneiden (Foto 3) oder mit der Nudelmaschine formen (Foto 4) den Teig leicht antrocknen lassen, in
2½ l kochendes Salzwasser	geben, in sprudelnd kochendem Wasser garen
Garzeit:	Etwa 10 Minuten.
Tip:	Wenn die Nudeln vollkommen trocken sind, können sie in einem fest schließenden Behälter aufbewahrt werden.

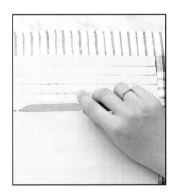

SPÄTZLE

250 g Weizenmehl	in eine Rührschüssel sieben (Foto 1)
2 kleine Eier	
1 Teel. Salz	
4 Eßl. saure Sahne	
5 Eßl. Pilzpulver	dazugeben, den Teig so lange mit dem Handrührgerät kräftig verrühren, bis der Teig glatt ist und Blasen wirft (Foto 2) den Teig etwa 30 Minuten quellen lassen anschließend den Teig durch eine Spätzlepresse (Foto 3) oder einen Spätzlehobel (Foto 4) portionsweise direkt in
kochendes Salzwasser	geben, sobald die Spätzle auf der Oberfläche schwimmen, sind sie gar die Spätzle mit einer Schaumkelle abschöpfen, gut abtropfen lassen, in
40 g heißer Butter	schwenken
Kochzeit:	3–5 Minuten.
Tip:	Für _grüne Spätzle_ 2 Bund gewaschene abgetropfte Petersilie, für _rote Spätzle_ 2 Eßl. Tomatenmark unter den Teig rühren.

KOCHREIS

1 mittelgroße Zwiebel	abziehen, würfeln, in
2 l Salzwasser	zum Kochen bringen
250 g Langkornreis (parboiled)	hineingeben, umrühren, zum Kochen bringen, sprudelnd kochen lassen den garen Reis auf ein Sieb geben, mit kaltem Wasser übergießen, gut abtropfen lassen, in
30 g Butter	erhitzen
Kochzeit:	Etwa 20 Minuten.
Veränderung:	Etwas Currypulver mit der Butter erhitzen.
Tip:	Der Reis kann bereits am Vortage oder einige Stunden vor dem Verzehr gekocht werden. Dann wird er kurz vor dem Servieren in einer großen Pfanne mit Deckel in Butter erhitzt.

MILCHREIS

1 l Milch	mit
1 – 2 Eßl. Butter oder Margarine	
Salz	
1 Eßl. Zucker	
Zitronenschale (unbehandelt)	zum Kochen bringen
175 g Milchreis (Rundkorn)	hineingeben, zum Kochen bringen, ausquellen lassen, mit
Zucker und Zimt	bestreuen
Kochzeit:	Etwa 40 Minuten.
Veränderung:	Den Reis mit 30 g Zucker kochen, in einer kalt ausgespülten Form erkalten lassen, stürzen, mit rohem Fruchtsaft, Kompott oder eingezuckerten rohen Beerenfrüchten reichen, in diesem Fall den Reis nicht mit Zimt, sondern Vanillin-Zucker bestreuen.

Ratgeber Reis

Reis ist reich an Vitaminen und Mineralstoffen und sehr leicht verdaulich. Für etwa die Hälfte der Erdbevölkerung ist er das Grundnahrungsmittel.

Reis wird in drei Hauptsorten unterschieden: Langkorn-, Rundkorn und Mittelkornreis.

Langkornreis, auch Patnareis genannt, wird bei uns sehr häufig verwendet. Er hat lange, schlanke Körner, die roh leicht glasig aussehen. Nach dem Garen ist er locker und trocken, deshalb eignet er sich für alle pikanten Reisgerichte.

Rundkorn oder Milchreis hat runde, stumpfe Körner mit weißer Oberfläche. Er gibt beim Ausquellen sehr viel Stärke ab und wird dadurch sehr weich und breiig. Er wird fast ausschließlich für die Zubereitung von Süßspeisen verwendet.

Mittelkornreis wird bei uns sehr selten angeboten. Er ist die Sorte, die in Form und Kocheigenschaften zwischen den beiden anderen Sorten liegt, er eignet sich besonders gut für Risotto.

Aufläufe sind eine kulinarische Überraschung, meist ganz einfach und immer wieder neu.

Sie sind Beilage und Hauptgericht, Beginn und Abschluß einer Mahlzeit, geschichtete „Eintöpfe" auf dem Ofen.

Auflaufrezepte gibt es in großer Zahl, da die verschiedensten Zutaten kombiniert werden können: Gemüse und Fleisch, Nudeln und Soße, Kartoffeln und Gemüse, mal süß, mal pikant. Immer gut gewürzt und mit Käse oder Käsesoße, Sahne oder Crème fraîche mit Eiern verquirlt, überbakken.

Und nach kurzer Auflauferfahrung kann man sein eigenes Rezept zusammenstellen: Auflauf „Nach Art des Hauses".

Auflaufformen müssen
zwei wichtige Bedingun-
gen erfüllen: Sie müssen
feuerfest und robust sein
und sie sollten tischfein
sein, da Aufläufe meist
in der Form serviert wer-
den.

Ob sie aus Porzellan,
Glas oder Steinzeug
sind, ist nicht entschei-
dend. Und die Größe ist
von den Gegebenheiten
des Haushalts abhän-
gig. Wenn nur 1 oder 2
Personen regelmäßig
am Tisch sitzen, ist es
sinnvoller ein oder zwei
kleine Formen zu besit-
zen. Handelt es sich um
einen Familienhaushalt,
so sollte es eine größere
Form sein, die auf die
Familiengröße abge-
stimmt ist. Und wenn
häufiger Besuch kommt,
sollte eine große Form
vorhanden sein, damit
Sie Ihre Freunde mit sü-
ßen und pikanten Auf-
läufen verwöhnen kön-
nen.

MAKKARONIAUFLAUF

(Foto S. 100/101)

250 g Makkaroni	in fingerlange Stücke brechen, in
2 l kochendes Salzwasser	geben, zum Kochen bringen, ab und zu umrühren, nach Packungsauf-schrift gar kochen lassen die garen Nudeln auf ein Sieb geben, mit kaltem Wasser übergießen, abtropfen lassen
6 Scheiben ge-kochten Schinken (200 g)	in kleine Stücke schneiden
150 g Porree (vorbe-reitet gewogen)	putzen, waschen, einige Minuten in kochendes Wasser legen, abtropfen lassen, in feine Streifen schneiden Makkaroni und Schinken mischen, abwechselnd mit dem Porree in eine gefettete, mit
10 g Semmelmehl	ausgestreute Auflaufform schichten
3 Eier	mit Salz,
100 ml Milch (3,5 % Fett)	verschlagen, den Auflauf damit übergießen, mit
15 g Semmelmehl	bestreuen
20 g Butter	in Flöckchen darauf setzen, die Auflaufform auf dem Rost in den vorgeheizten Backofen schieben
Strom:	225−250
Gas:	5−6
Backzeit:	30−40 Minuten.

HACKFLEISCH-GEMÜSE-AUFLAUF

1 mittelgroßen, flachen Blumenkohl	von Blättern, schlechten Stellen und dem Strunk befreien, unter fließendem kaltem Wasser waschen, einige Zeit in
kaltes Salzwasser	legen, um Raupen und Insekten zu entfernen, in

kochendes Salz-wasser	geben, mit
geriebener Muskatnuß	würzen, 10 Minuten blanchieren, in einem Sieb abtropfen lassen
250 g Gehacktes (halb Rind-, halb Schweinefleisch)	mit
1 eingeweichten, gut ausgedrückten Brötchen (Semmel) 1 abgezogenen, gehackten Zwiebel	

1 Ei	mischen, mit
Salz gemahlenem weißem Pfeffer	würzen (Foto 1) eine Auflaufform mit
Margarine, z.B. Sanella	einfetten, den Fleischteig darin verteilen, in die Mitte den Blumenkohl geben
4 Tomaten	kurze Zeit in kochendes Wasser legen (nicht kochen lassen), in kaltem Wasser abschrecken, enthäuten, die Stengelansätze herausschneiden die Tomaten um den Blumenkohl legen und leicht ins Gehackte drücken Tomaten salzen (Foto 2)

500 ml (½ l) Milch	mit
4 Eiern	verquirlen, mit Salz, geriebener Muskatnuß würzen die Eiermilch über den Blumenkohl gießen (Foto 3)

40 g Butter oder Margarine	in Flöckchen auf den Auflauf geben (Foto 4) auf dem Rost in den vorgeheizten Backofen schieben
Strom:	200–225
Gas:	3–4
Backzeit:	40–50 Minuten.

SAUERKIRSCH-QUARK-AUFLAUF

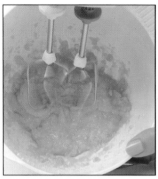

3 Eigelb	mit
125 g Zucker	cremig schlagen (Foto 1), mit
75 g Grieß	
2 Eßl. Zitronensaft	
500 g Magerquark	verrühren (Foto 2)
3 Eiweiß	steif schlagen, vorsichtig unter die Quarkmasse heben

460 g entsteinte, gedünstete Sauer-kirschen (Inhalt von 1 großen Glas)	gut abtropfen lassen (Foto 3), unter die Masse rühren, in eine gefettete Auflaufform (Foto 4) füllen, auf dem Rost in den vorgeheizten Backofen schieben
Strom:	200−225
Gas:	3−4
Backzeit:	Etwa 35 Minuten.

APFELAUFLAUF

500 g Äpfel	schälen, vierteln, entkernen, in Scheiben schneiden
2 Eier	mit
125 g Zucker	schaumig schlagen
1 Päckchen Vanillin-Zucker	hinzufügen
125 g Weizenmehl	
6 g (2 gestrichene Teel.) Backpulver	mischen, sieben, unterrühren den Teig abwechselnd lagenweisen mit den Apfelscheiben in eine ge-fettete Auflaufform schichten, die oberste Schicht soll aus Teig bestehen die Auflaufform auf dem Rost in den vorgeheizten Backofen schieben
Strom:	175−200
Gas:	2−3
Backzeit:	Etwa 30 Minuten.
Beigabe:	Vanillesoße.

NUDELAUFLAUF

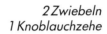

250 g Bandnudeln 1 ½ l kochendes Salzwasser	in geben, zum Kochen bringen, ab und zu umrühren, in etwa 8 Minuten gar kochen lassen die garen Nudeln auf ein Sieb geben, mit kaltem Wasser übergießen, ab- tropfen lassen (Foto 1)
2 Zwiebeln 1 Knoblauchzehe 20 g Butter	 beide Zutaten abziehen, würfeln zerlassen, Zwiebel- und Knoblauch- würfel darin glasig dünsten lassen
500 g Hackfleisch (halb Rind-, halb Schweinefleisch)	 hinzufügen, unter ständigem Rühren darin anbraten, dabei die Fleisch- klümpchen mit einer Gabel etwas zerdrücken (Foto 2), das Hackfleisch mit
Salz Pfeffer Paprika edelsüß gerebeltem Thymian 500 g Tomaten	 würzen kurze Zeit in kochendes Wasser legen (nicht kochen lassen), in kaltem Wasser abschrecken, enthäuten, halbieren, die Stengelansätze herausschneiden, die Tomatenhälften in Stücke schneiden, zu dem Hack- fleisch geben (Foto 3), etwa 5 Minuten mitschmoren lassen, mit Salz, Pfeffer, Paprika würzen ⅔ der Nudeln in eine gefettete Auf- laufform füllen, die Hackfleisch- masse darauf geben, mit den rest- lichen Nudeln bedecken
100 g geriebenen Käse, z.B. Gouda 20 g Butter	 darüber streuen (Foto 4) in Flöckchen darauf setzen die Form auf dem Rost in den vorgeheizten Backofen schieben
Strom: Gas: Backzeit:	225–250 5–6 35–40 Minuten.

CANNELLONI IN PIKANTER TOMATENSOSSE

1 kg Tomaten	kurze Zeit in kochendes Wasser legen (nicht kochen lassen), in kaltem Wasser abschrecken, enthäuten, die Stengelansätze herausschneiden, die Tomaten in Würfel schneiden
1 Zwiebel	abziehen, fein würfeln
2 Eßl. Olivenöl	erhitzen, die Zwiebelwürfeln hellgelb darin dünsten, Tomatenwürfel,

1 schwach ge-häuften Eßl. Tomatenmark	hinzufügen, zum Kochen bringen, kurz aufkochen lassen, mit
Salz, Pfeffer gerebeltem Oregano	würzen
1 Eßl. gehackte Petersilie	unterrühren
1 Brötchen (Semmel)	in kaltem Wasser einweichen
2 mittelgroße Zwiebeln	abziehen, fein würfeln
500 g Hackfleisch (halb Rind-, halb Schweinefleisch)	mit dem gut ausgedrückten Brötchen, den Zwiebelwürfeln,

1 Eßl. gehackter Petersilie	vermengen, mit Salz, Pfeffer abschmecken, die Fleischmasse in einen Spritzbeutel füllen (Foto 1), in
16 rohe Cannelloni	spritzen (Foto 2) etwas von der Tomatenmasse in eine gefettete flache Auflaufform geben (Foto 3), die gefüllten Cannelloni nebeneinander hineinlegen (Foto 4), die restliche Tomatenmasse darüber verteilen

20 g Butter	in Flöckchen darauf setzen, mit
50 g geriebenem Gouda-Käse	bestreuen die Auflaufform auf dem Rost in den vorgeheizten Backofen schieben
Strom:	200–225, Gas: 3–4
Backzeit:	Etwa 35 Minuten.

Obst und süße Speisen

Obst und süße Speisen sind der Abschluß einer Mahlzeit, Schlußakkord oder Abrundung.

Mit Obst können fehlende Vitamine ergänzt und Frisches serviert werden. Obst hat einen hohen Anteil an Ballaststoffen und liefert Vitamine in einer wohlschmeckenden Form. Es sollte täglich auf dem Speisezettel stehen.

Süße Speisen, auch Nachspeise oder Dessert genannt, sind ein besonderer Genuß für Erwachsene und Kinder. Und für die ganz besonders großen Süßschnäbel kann man sie auch als Hauptmahlzeit servieren.

Ratgeber Obst

Obst sollte frisch und – wenn möglich roh verzehrt werden, da bei der Lagerung wertvolle Inhaltsstoffe zerstört werden. Frisch wird es als Tafelobst, als Obstsalat oder als Ergänzung zu Quarkspeisen und Cremes gereicht.

Der Hauptbestandteil der meisten Obstarten ist Wasser, daneben enthalten sie vor allem Kohlenhydrate, z. B. Fruchtzucker und unverdauliche Pektine, aber auch Mineralstoffe, Vitamine, Säuren und Geschmacksstoffe. Obst wirkt verdauungsfördernd.

Zum Obst gehören Kernobst, Steinobst und Beerenobst, aber auch Südfrüchte, exotische Früchte und Nüsse werden dazu gerechnet.

OBSTSALAT
(6 Portionen)

2 mittelgroße Äpfel (250 g)	schälen, vierteln, entkernen
1 kleine Mango (250 g)	schälen, halbieren, entkernen
1 Nektarine (75 g) 1 mittelgroßer Pfirsich (75 g)	beide Zutaten waschen, abtrocknen, halbieren, entsteinen
1 mittelgroße Apfelsine (150 g)	schälen, in Spalten teilen
1 Kiwi (50 g) 1 Banane (150 g)	beide Zutaten schälen das Obst in kleine Stücke (Banane in Scheiben) schneiden
100 g Erdbeeren	waschen, gut abtropfen lassen, entstielen, in Stücke schneiden das Obst mit
3 Eßl. Zitronensaft 30 g Zucker	vermengen den Obstsalat in eine Glasschale füllen, mit
30 g gehackten Walnußkernen	bestreuen.
Beigabe:	Schlagsahne, mit Eierlikör abgeschmeckt oder Vanillesoße.

APFELMUS

750 g Äpfel	waschen, von Stiel und Blüte befreien, in kleine Stücke schneiden, mit
5 Eßl. Wasser	zum Kochen bringen, weich kochen lassen, durch ein Sieb streichen, mit
etwa 50 g Zucker	abschmecken.

PFLAUMENKOMPOTT

(Foto S. 108/109)

500 g Pflaumen	*waschen, halbieren, entsteinen (Foto 1)*
125 ml (⅛ l) Wasser	*mit*
50 g Zucker	*zum Kochen bringen, Pflaumen,*
1 Stück Stangen-	
zimt	
3 Nelken	
(nach Geschmack)	*hineingeben, zum Kochen bringen (Foto 2), weich kochen das Kompott erkalten lassen, evtl. mit*
Zucker	*abschmecken*
Garzeit:	*Etwa 8 Minuten.*

BIRNENKOMPOTT

500 g Birnen	*schälen (Foto 3), halbieren, entkernen (Foto 4)*
250 ml (¼ l) Wasser	*mit*
50 g Zucker	
1 Päckchen Vanillin-	
Zucker	*zum Kochen bringen, die Birnen hineingeben, zum Kochen bringen, weich kochen das Kompott erkalten lassen, evtl. mit*
Zucker	*abschmecken*
Garzeit:	*Etwa 10 Minuten.*
Veränderung:	*1 Stück Stangenzimt und 3 Gewürz- nelken mitkochen.*

ROTE GRÜTZE
MIT VANILLESAHNE

1 ¼ kg Erdbeeren	waschen, entstielen, ¼ der Früchte beiseite stellen die übrigen Früchte mit
1 l Wasser	zum Kochen bringen, auf ein gespanntes Tuch geben, damit der Saft ablaufen kann (Foto 1) den Fruchtbrei nach dem Erkalten kräftig auspressen (Foto 2), Saft mit Wasser auf 1 ¼ l Flüssigkeit auffüllen, mit
3–4 Stück Zitronenschale (unbehandelt)	
150 g Zucker	zum Kochen bringen
etwa 120 g Perl-Sago	unter Rühren einstreuen (Foto 3), zum Kochen bringen, in etwa 20 Minuten ausquellen lassen die Zitronenschale entfernen die zurückbehaltenen Erdbeeren,
125 – 150 g verlesene Himbeeren	hinzufügen (Foto 4), die Grütze zum Kochen bringen, 1-2 Minuten kochen lassen, evtl. mit
Zucker	abschmecken, in eine Schüssel füllen, erkalten lassen

FÜR DIE VANILLESAHNE

250 ml (¼ l) Schlagsahne ½ Vanillestange	mit dem ausgekratzten Mark von verrühren, mit
Zucker	abschmecken.
Veränderung:	Rote Grütze kann auch aus Himbeeren, Kirschen oder roten Johannisbeeren zubereitet werden. Als Beigabe eignet sich kalte Milch oder leicht geschlagene Sahne.

PUTTÄPFEL, BRATÄPFEL

8 mittelgroße Äpfel	waschen, abtrocknen, nicht schälen, von der Blütenseite her ausbohren (Foto 1), aber nicht durchstechen die Äpfel in eine gefettete Auflaufform oder auf feuerfeste kleine Teller setzen

1–2 Eßl. Butter	mit
1–2 Eßl. Zucker 1 Päckchen Vanillin-Zucker 2 Eßl. gemahlenen Mandeln 1 Eßl. in Rum eingeweichten Rosinen	verrühren, mit einem Teelöffel in die Äpfel füllen (Foto 2), evtl. etwas Rum in die Form gießen, auf dem Rost in den vorgeheizten Backofen schieben, weich backen

Strom:	200–225
Gas:	3–4
Backzeit:	30–45 Minuten die Äpfel nach dem Backen mit
Puderzucker	bestreuen (Foto 4).
Beigabe:	Vanillesoße.

VANILLEEIS

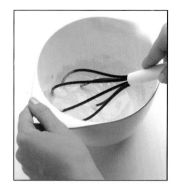

2 Eigelb	mit
75 g Zucker	dickschaumig schlagen (Foto 1)
½ Vanillestange	aufschlitzen, mit einem Messer auskratzen (Foto 2), das Mark unterrühren
250 ml (¼ l) Schlagsahne	steifschlagen, unter die Eigelbcreme heben (Foto 3) die Masse in eine Eisschale geben, im Gefrierfach des Kühlschranks 3–4 Stunden gefrieren lassen aus dem Eis mit einem Eisportionierer Kugeln ausstechen (Foto 4) auf 4 Dessertschälchen verteilen.
Beigabe:	Gezuckerte Beerenfrüchte, Eiswaffeln.
Tip:	Die aufgeschlitzte Vanilleschote in ein kleines Schraubglas mit Haushaltzucker geben. Der Zucker nimmt das Vanillearoma an und kann zum Würzen von Süßspeisen verwendet werden.

ERDBEEREIS
(6–8 Portionen)

750 g Erdbeeren	waschen, gut abtropfen lassen, entstielen, im Mixer pürieren, mit
100 g Zucker 40 ml Himbeergeist 3 Eßl. Eierlikör	verrühren
300 ml Schlagsahne	steifschlagen, vorsichtig unter die Erdbeermasse heben die Masse in Schälchen füllen, im Gefrierschrank des Kühlschranks gefrieren lassen das Eis nach Belieben mit
steifgeschlagener Schlagsahne gewaschenen Erdbeeren	garnieren, sofort servieren.

ZITRONENCREME

1 gehäuften Teel. Gelatine gemahlen, weiß	mit
3 Eßl. kaltem Wasser	in einem kleinen Topf anrühren (Foto 1), 10 Minuten zum Quellen stehenlassen
2 Eigelb	mit
2 Eßl. heißem Wasser	schaumig schlagen (Foto 2), nach und nach
75 g Zucker	unterschlagen, so lange schlagen, bis eine cremeartige Masse entstanden ist
½ Zitrone (unbehandelt)	die Schale abreiben, dazu Pergament papier über eine Reibe legen, die Zitronenschale abreiben (Foto 3), die geriebene Zitronenschlae mit einem Messer vom Papier abkratzen (Foto 4), mit

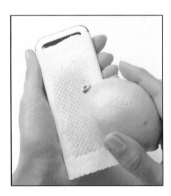

5 Eßl. Zitronensaft	unterrühren
	die gequollene Gelatine unter Rühren erwärmen, bis sie gelöst ist, zunächst 3 Eßl. der Eigelbmasse hinzufügen, verrühren, dann unter die übrige Eigelbmasse schlagen, evtl. kalt stellen
2 Eiweiß	steif schlagen
125 ml (⅛ l) Schlagsahne (30% Fett)	steif schlagen
	wenn die Masse anfängt dicklich zu werden, beide Zutaten (etwas Schlagsahne zum Verzieren zurücklassen) unterheben
	die Creme in eine Schale oder in Dessertgläser füllen, kalt stellen, damit sie fest wird, mit der zurückgelassenen Schlagsahne verzieren, mit

| 4 halbierten Maraschino- Kirschen | garnieren. |

GEKOCHTE QUARKCREME

1 Päckchen Soßen- Pulver Vanille- Geschmack 20 g Speisestärke 2 Eigelb 375 ml (⅜ l) kalter Milch (3,5% Fett)	mit 6 Eßl. von anrühren (Foto 1), die übrige Milch mit
25 g Butter Salz	zum Kochen bringen, das Soßen- Pulver in die von der Kochstelle genommene Milch rühren (Foto 2), zum Kochen bringen, kurz aufkochen lassen, kalt stellen, ab und zu durchrühren
250 g Magerquark 75 g Zucker	mit geschmeidig rühren, die erkaltete Creme eßlöffelweise unterrühren, mit
Rum-Aroma 2 Eiweiß	abschmecken mit dem Handrührgerät (Foto 3) steif schlagen, zuletzt unter die Quark- creme heben (Foto 4) die Speise in eine Glasschale füllen, mit
10 g geraspelter Schokolade	bestreuen.

SCHAUMOMELETT MIT QUARKFÜLLUNG

(2 Portionen)

	FÜR DIE FÜLLUNG
250 g Erdbeeren	waschen, abtropfen lassen, entstielen, halbieren
250 g Speisequark (20% Fett)	mit
2 Eßl. Zucker	
1 Päckchen Vanillin-Zucker	
1 Eßl. Zitronensaft	verrühren
125 ml (⅛ l) Schlagsahne	steif schlagen, unter den Quark heben, zuletzt ⅔ der Erdbeeren darunterheben

	FÜR DAS OMELETT
3 Eier abgeriebener Schale von ½ Zitrone (ungespritzt)	trennen (Foto 1), die Eigelb mit
30 g Zucker	schaumig schlagen (Foto 2) die Eiweiß steif schlagen, auf die Eigelbcreme geben (Foto 3)

1 schwach ge- häuften Teel. Speisestärke	darauf sieben, beides unter die Eigelbcreme heben
30 g Butter oder Margarine, z.B. Sanella	in einer nicht zu kleinen Stielpfanne zerlassen, den Teig hineingeben (Foto 4) (evtl. 2 Omeletts backen), Pfanne mit einem Deckel schließen, die Masse langsam gerinnen lassen, die untere Seite muß bräunlich gebacken sein, die obere Seite muß weich bleiben, das Omelett mit der Füllung bestreichen, zusammen- klappen, auf einer vorgewärmten Platte anrichten, mit den restlichen Erdbeeren garnieren
Backzeit:	Etwa 10 Minuten.

Kartoffeln und Nährmittel

Aufläufe

Obst und süße Speisen

V

W

T

Z

DIE SCHÖNSTEN SEITEN VOM KOCHEN UND BACKEN

In unserem kulinarischen Programm werden ausgesprochene Feinschmecker ebenso fündig wie Anfänger. Denn eins haben alle Dr. Oetker Koch- und Backbücher gemeinsam: die hochwertige Ausstattung mit erstklassigen Fotos und gelingsicheren Rezepten. Mehr über die besten Seiten in Ihrer Küche erfahren Sie beim CERES Verlag in Bielefeld - oder überall, wo es gute Bücher gibt.

CERES

Die Rezepte in diesem Buch sind —
wenn nicht anders angegeben —
für 4 Personen berechnet.

**Wir danken für die freund-
liche Unterstützung:**   Union Deutsche Lebensmittelwerke, Hamburg

Copyright: © 1989 by Ceres-Verlag
                                      Rudolf-August Oetker KG, Bielefeld

Redaktion: Carola Reich

Titelgestaltung: Werbe-Agentur Karnat, Borgholzhausen

Fotografie:
Titelfotos: Brigitte Wegner, Bielefeld
                                      Fotostudio Toelle, Bielefeld

Innenfotos: Thomas Diercks, Hamburg
                                      Christiane Pries, Borgholzhausen
                                      Fotostudio Toelle, Bielefeld
                                      (Foodstyling Franziska Kurpiers)
                                      Arnold Zabert, Hamburg

Rezeptentwicklung: Versuchsküche Dr. August Oetker, Bielefeld
                                      Leitung: Liselotte Krätschmer

Reproduktionen: Pörtner & Saletzki, Bielefeld

Satz: H & P Fotosatz GmbH, Bielefeld

Druck: Mohn-Druck, Gütersloh
                                      Printed in Germany
                                      Nachdruck, auch auszugsweise, nur mit unserer
                                      ausdrücklichen Genehmigung und mit Quellenangabe
                                      gestattet.

ISBN 3-7670-0325-2